LÜNEBURGER HEIDE MIT WENDLAND

Mit Michael Schnelle

mitteldeutscher verlag

Inhaltsverzeichnis

Architektur, Straßenkunst und Technik

Badespaß, Erlebnis- und Tierparks sowie andere Aktivitäten

Flüsse und Seen, Moore und Teichlandschaften

Heidetypisches, Kulinarik und Kultur

Gedenkstätten, Kirchen, Klöster und Museen

Aussichten und Ansichten in der Natur

Naturerlebnis und heimelige Städte

Die Lüneburger Heide ist eine äußerst beliebte Ausflugs- und Urlaubsregion im Norden Deutschlands. Im Norden reicht sie teilweise bis zur Elbe, im Süden bildet das Allertal eine natürliche Grenze. Im Westen endet die Lüneburger Heide an den Grenzen der Kreise Harburg Land bzw. dem Heidekreis. Allerdings zählt der südöstlichste Zipfel vom Landkreis Rotenburg/Wümme ebenfalls noch zur Lüneburger Heide. Im Nordosten umfasst sie noch den Westteil vom Wendland, im Südosten reicht die Lüneburger Heide bis zur bereits zu Sachsen-Anhalt gehörenden Altmark.

Was zieht die Besucher nun in die Lüneburger Heide? Dazu gehört in erster Linie das Naturerlebnis einer dünn besiedelten welligen Hügellandschaft mit ausgedehnten Waldgebieten und vor allen Dingen den größten zusammenhängenden Heideflächen Europas, die ihre Pracht besonders zur Blütezeit von Anfang August bis Anfang September entfalten. Wandern, Radfahren und Reiten stehen hoch im Kurs. Weithin bekannt ist der Heidschnuckenweg, der in Hamburg-Fischbek beginnt und durch die gesamte Lüneburger Heide nach Celle führt. In der Region liegen aber auch zahlreiche Freizeitparks. Mit Lüneburg und Celle und ihren gut erhaltenen Altstadtkernen bietet die Lüneburger Heide zwei attraktive Städteziele, die zudem auch mit vielen Veranstaltungen locken. Aber auch Uelzen mit seinem Hundertwasser-Bahnhof, etliche Heideklöster und -kirchen wollen entdeckt werden. Wellnessangebote, hier voran in Bad Bevensen, runden das abwechslungsreiche Angebot ab. Lassen Sie sich von diesem Buch inspirieren und gehen Sie mit dem Autor auf Entdeckungsreise!

Seit 1524 an dieser Stelle

Medizin seit dem Mittelalter

1

Alte Ratsapotheke
Große Bäckerstraße 9
21335 Lüneburg

Große und Kleine Bäckerstraße verbinden in der Altstadt Lüneburgs den Marktplatz im Norden mit dem Platz „Am Sande" im Süden und bilden die Hauptgeschäftsstraße. Ein besonderer Hingucker ist dabei das Haus Große Bäckerstraße 9, in der die Alte Ratsapotheke untergebracht ist. Die Geschichte dieser Apotheke ist älter als das Gebäude selbst. 1475 kaufte nämlich die Stadt Lüneburg eine bereits seit 1437 bestehende Apotheke in der Großen Bäckerstraße 5 und gab ihr den Namen „Raths-Apotheke" in der alten damaligen Schreibweise. 1524 wurde diese dann in die Große Bäckerstraße 9 verlegt. Der frühere Salzhandel führte zu wachsendem Wohlstand der Bürger, und so sollte auch die Apotheke ein prächtigeres Aussehen erhalten. 1598 wurde deshalb das ursprünglich gotische Gebäude stark umgebaut. Damals wurde auch die heutige Schaufassade mit dem Portal im Renaissance-Stil und dem neunteiligen Staffelgiebel errichtet. Das Sandsteinportal wurde 1988/89 umfassend restauriert, ist zwei Etagen hoch und bunt bemalt. Dazu gehören beidseits des Rundbogens zwei Figuren mit Apothekergefäßen und Tieren. Diese Darstellungen sind im Zusammenhang mit der Apothekertätigkeit zu sehen. Vom Portal gelangt man über zwei Stufen in den zurückgesetzten Eingang für den Hauptraum. Auch das Innere des Gebäudes wurde mehrfach umgebaut, jedoch blieben die ursprünglichen Grundstrukturen erhalten. Dazu zählen wieder freigelegte Deckenbemalungen aus dem 16. Jahrhundert mit Porträts damals bekannter Mediziner, historische Fußböden und die Raumeinteilung.

Die Geschichte dieser Apotheke ist älter als das Gebäude selbst.

Hier geht es ins älteste Wirtshaus Niedersachsens

Im ältesten Wirtshaus Niedersachsens

2

Altes Rathaus mit Ratskeller

Markt 14–16
29221 Celle

Das ehemalige Rathaus von Celle zeigt sein schönstes Gesicht auf der Ostseite zum Markt. Ins Auge fallen hier die geschosshohen Gauben und der Obergeschosserker. Von hier erfolgt auch der Zugang ins Innere, nämlich über die frühere Gerichtslaube, eine Arkade mit drei Säulen. Eindrucksvoll ist aber auch der Nordgiebel im Stil der Weserrenaissance. Das Alte Rathaus besteht genau genommen aus zwei Gebäuden, was am Knick in der Gebäudefront erkennbar ist. Der nördliche Teil geht auf die Zeit der Stadtgründung 1292 zurück. Dieser Nordflügel wurde jedoch im 16. Jahrhundert umgebaut. Gleichzeitig riss man um 1580 drei Bürgerhäuser ab und errichtete dort einen Anbau, zunächst in Fachwerkbauweise. Nach einem Brand wurde dieser 1600–03 erneuert und 1785 im klassizistischen Stil vollkommen neu erbaut. 1938 wurde dieser Südflügel um fünf Meter verlängert. 2008/9 erfolgte nochmals eine größere Sanierung. Seit dem Auszug der Stadtverwaltung 1999 werden die Räumlichkeiten unterschiedlich genutzt. An der Südseite zum Markt befindet sich heute im Service-Center der Stadtwerke auch die Touristinformation für Celle. Der „Historischer Ratskeller" auf der Ostseite bietet gehobene deutsche Küche. Die urigen Räumlichkeiten haben ihren Ursprung in drei Kellern aus dem 16. und 17. Jahrhundert, die unter Einbeziehung des gesamten Kellergeschosses 1938/39 zum heutigen Restaurant umgebaut wurden. Vermutlich ist es das älteste Wirtshaus Niedersachsens, denn das Schankrecht geht gemäß einer Urkunde auf den 8. Juni 1378 zurück.

Die urigen Räumlichkeiten haben ihren Ursprung in drei Kellern aus dem 16. und 17. Jahrhundert.

Heute Museum, früher u. a. Amtmann-Wohnung und Gefängnis

Witwensitz, Amtswohnung und Museum

3

Amtsturm Lüchow
Amtsgarten

29439 Lüchow
Tel.: 05841 126-0
(Museum)
www.amtsturm.de

Der unter Denkmalschutz stehende Amtsturm ist das Überbleibsel eines Schlosses, das um 1470 an dieser Stelle erbaut wurde. Als Bauherrin gilt Gräfin Anna von Nassau-Dillenburg, die das Schloss von 1496 bis 1504 als Witwensitz nutzte. Im 17. und 18. Jahrhundert hatte hier das frühere Amt Lüchow seinen Sitz, wenngleich das Schloss teilweise verfallen war. Deshalb wurden im 18. Jahrhundert auch der Südflügel und die Türme des Westflügels abgetragen. Der heutige Amtsturm war der nordöstliche Eckturm. Sein unterer Bereich diente einst als Batterieraum. Die noch vorhandenen Schießscharten der Kanonen verfügen über kleine Lüftungsöffnungen, damit der Pulverdampf abziehen konnte. Im ersten Obergeschoss gab es Schießscharten für Hakenbüchsen. Das zweite und dritte Stockwerk nutzte der Amtmann als Wohnung. Gleichzeitig diente der Turm als Gefängnis. Bei einem verheerenden Stadtbrand zerstörte das Feuer 1811 auch das Schloss. Nur der Amtsturm und einige Außenwände des Schlosses, die später abgetragen wurden, blieben erhalten. Der Turm hat fünf Geschosse, ist 22 m hoch, die Mauern sind bis zu 3,50 m dick. Seit 1930 hat das Heimatmuseum von Lüchow hier seinen Sitz. In den Ausstellungsräumen wird die gesamte Stadtgeschichte beleuchtet, von den Anfängen der slawischen Besiedlung bis zum Stadtbrand. Die dritte Etage wird für wechselnde Ausstellungen genutzt. Vom Umgang des Turmdachs genießt man eine schöne Aussicht auf Lüchow und die Jeetzelniederung. An klaren Tagen reicht der Blick bis zum 14 km entfernten Salzwedel.

Als Bauherrin gilt Gräfin Anna von Nassau-Dillenburg, die das Schloss von 1496 bis 1504 als Witwensitz nutzte.

Der Bergfried bietet eine schöne Aussicht

Hier wurde bis 1918 Bier gebraut

Ein mittelalterlicher Amtssitz mit Brauerei

4

Die ehemalige Wasserburg wurde um 1250 auf einem künstlich angelegten Hügel am Rand eines feuchten Niederungsgebiets errichtet. Die Burganlage bestand ursprünglich aus der eigentlichen Hauptburg und einer südwestlich vorgelagerten Vorburg. Letztere war von der Aue und künstlichen Wassergräben umgeben. Vom 14. bis 19. Jahrhundert diente die Burg als Sitz der Verwaltung des Amtes Bodenteich. Die erhaltenen und rekonstruierten Reste werden heute vielseitig genutzt. Dazu gehört der Bergfried aus dem 14. Jahrhundert als Teil der Hauptburg. Der fast quadratische Turm hat Außenmaße von annähernd 11 m, seine Mauerstärke beträgt 3,50 m. Ursprünglich war er wohl etwa 30 m hoch. Der untere Teil soll ab 1681 als Amtsgefängnis genutzt worden sein, die darüber liegenden Geschosse als Kornspeicher. Heute hat der Turm nur noch eine Höhe von 8,50 m, und die Aussichtsplattform liegt auf einer Höhe von 4,50 m. Ein weiteres Gebäude der Hauptburg ist das alte Brauhaus. Es geht auf 1634 zurück, wurde 1981 abgerissen und 2005 neu aufgebaut. Das dort gebraute dunkle Bier trug den Namen „Knorrbock". Der Braubetrieb wurde kriegsbedingt 1918 eingestellt. Im Herrenhaus befinden sich heute die Kurverwaltung von Bad Bodenteich und das Burgmuseum mit einer Ausstellung zur Geschichte des Ortes. In der Burg kann man auch heiraten, Feste feiern oder Tagungen abhalten. Genutzt wird das Gelände für etliche Veranstaltungen, darunter das weithin bekannte Burgspektakel (Ende April/Anfang Mai, https://www.fogelvrei.de).

Der Braubetrieb wurde kriegsbedingt 1918 eingestellt.

Burg Bad Bodenteich

Burgstraße 8
29389 Bad Bodenteich
Tel.: 05824 3539
www.burgmuseum-bodenteich.de

Hengst Wohlklang repräsentiert das Landgestüt Celle vor dem Schloss

Einst Residenz der Herzöge

5

Celler Schloss
Schlossplatz 1
29221 Celle
Tel.: 05141 124515
www.residenz
museum.de

Das ehemalige Residenzschloss liegt westlich des Schlossplatzes, an den sich im Osten die Altstadt anschließt. Es ist das bedeutendste Bauwerk der Stadt und liegt auf einer Insel, die vom Schlossgraben umflossen wird. Zurück geht das Schloss auf eine alte Wehrburg mit dem Namen „Kellu", die um 980 erbaut wurde. Deren Reste, das Kellergewölbe und die unteren Stockwerke des Wachturms, liegen unter dem Schlosstheater. Als Folge des Lüneburger Erbfolgekrieges verlegten die Herzöge von Braunschweig-Lüneburg 1378 ihre Residenz für das Fürstentum Lüneburg nach Celle. Diese bestand bis 1705. Damals wurde die ursprünglich einfache Burg aufwändig erweitert und umgebaut, wobei sich Renaissance und Barock vermischten. Eine größere Erweiterung gab es 1471–78; 1485 wurde die Schlosskapelle eingeweiht. Ab 1530 erfolgt der Umbau zum Renaissanceschloss, das sich nun als Vierflügelanlage mit rechteckigem Hof und wuchtigen Ecktürmen präsentierte. Zwischen 1665 und 1705 erfolgten u.a. der Einbau der barocken Staatsgemächer und des Schlosstheaters. Ab 1866 in preußischem Staatsbesitz, gehört es heute dem Land Niedersachsen. Im Rahmen der Schlossführungen kommt man in die Staatsgemächer, die einzigartige Schlosskapelle und in die alte von 1839 bis 1866 benutzte Schlossküche, manchmal auch ins Schlosstheater. Das Museum im Ostflügel kann auch außerhalb von Führungen besichtigt werden. Im Schlosspark steht die 1985 geschaffene Bronzeplastik „Hengst Wohlklang in der Freiheitsdressur" in Erinnerung an das 250-jährige Jubiläum des Landgestüts Celle.

Zurück geht das Schloss auf eine alte Wehrburg mit dem Namen „Kellu".

Prachtvolle Fachwerkbauten als Markenzeichen der Celler Altstadt

Eine mittelalterliche Schatztruhe

Fachwerk-Altstadt
29221 Celle

Die gesamte unter Denkmalschutz stehende Altstadt Celles ist ein einzigartiges Juwel aus früheren Zeiten, denn sie wurde im Zweiten Weltkrieg so gut wie nicht zerstört. Den Besucher erwarten hier rund 480 historische Fachwerkhäuser und über 600 Geschäfte aller Art, viele davon noch inhabergeführt. Außerdem laden zahlreiche Restaurants und Cafés zur Unterbrechung des Stadtbummels ein.

Die Altstadt wurde ab 1292 planmäßig angelegt und beschränkte sich zunächst nur auf die Straßenzüge Kanzleistraße-Schuhstraße im Norden sowie Stechbahn-Zöllnerstraße im Süden. Beide Straßenzüge waren durch die in Nord-Süd-Richtung verlaufende Poststraße miteinander verbunden, die gleichzeitig im Norden zum Allerübergang führte. Die Stadt selbst war durch Gräben und Wälle geschützt. Eine Stadtmauer wurde erstmals im Jahr 1407 erwähnt, und die Mauernstraße erinnert noch heute an den früheren Verlauf. Um 1530 erfolgte dann nochmals eine Erweiterung der Altstadt bis zum heutigen Südwall. Ursprünglich gab es außerdem drei Stadttore, die jedoch um 1790 abgebrochen wurden. Die heute in der Altstadt noch vorhandenen Häuser sind überwiegend Fachwerkbauten. Die meist giebelständig ausgerichteten Bürgerhäuser, darunter viele sogenannte Traufenhäuser, stammen oftmals aus der Zeit zwischen 1580 und 1650. Einige ältere Häuser verfügen auch heute noch über eine Durchfahrt zum Hof in Erinnerung an das frühere Ackerbürgertum. Etliche Häuser erhielten ab 1600 nachträglich noch vorspringende Erker oder auch bis zum

Die heute in der Altstadt noch vorhandenen Häuser sind überwiegend Fachwerkbauten.

Vor dieser prächtigen Kulisse fanden früher Ritterturniere statt

Boden reichende Utluchten. Zudem wurden die Gebäude mit reichlich Schnitzwerk verschönert. Die Inschriften geben oftmals Hinweise auf das Alter der Häuser.

Von Anfang an diente das Erdgeschoss vieler Häuser entweder dem Wohnen oder auch der Ausübung eines Gewerbes. Da man Schaufenster früher nicht kannte, wurden die ursprünglichen Fenster dann später zweckmäßig umgebaut. Unter den Häusern gibt es auch heute noch vielfach einen Gewölbekeller. Die höher liegenden Wohnräume erreicht man meist über kleine Treppen. Unter dem Dach lagerte man Vorräte oder auch Waren. Daran erinnern an etlichen Gebäuden noch die Ladeluken in den Steilgiebeln und alte Aufzugsanlagen. Im Rahmen einer grundlegenden Altstadtsanierung über zehn Jahre werden viele alte Bauten in den nächsten Jahren innen modernisiert und unter Berücksichtigung des Denkmalschutzes umgestaltet. Die Besucher sind

aber schon jetzt von der Vielzahl der attraktiven Fachwerkbauten begeistert. Beeindruckend ist aber in jedem Fall die Fachwerkhauszeile auf der Südseite der Stechbahn, die den Schlossplatz im Westen mit dem Markt im Osten verbindet. Der einstige Turnierplatz bietet heute Platz für den Wochenmarkt und andere Feste. Unter den Fachwerkbauten sind insbesondere die Häuser Nr. 4 und 5 erwähnenswert. Ältestes Gebäude ist jedoch das Hinterhaus von Nr. 7, das auf das Jahr 1497 zurückgeht. Ein Beispiel für die Harmonie der Hausfassade mit dem heutigen Geschäft zeigt dagegen die frühere Ratsbadestube (Schuhstraße 27), in der heute eine Keramikwerkstatt untergebracht ist.
In der Altstadt findet alljährlich ein weithin bekannter Weihnachtsmarkt statt.

Einladende Geschäfte in der Altstadt

7

Heiraten im historischen Ambiente

Haus Meinecke
Deichend 3
29303 Bergen

Schon 1438 wird an diesem Platz eine Hofstelle erwähnt. Das heutige Gebäude wurde jedoch 1819 vom Landwirt Adolf Heinrich Becker größtenteils neu erbaut. 1929 erwarb die Familie Meinecke das Gebäude und betrieb hier in zweiter Generation bis in die 1980er Jahre einen landwirtschaftlichen Betrieb. Das unter Denkmalschutz stehende Haus hat ortsprägenden Charakter. Es wurde dann 1986 von der Stadt Bergen gekauft und 1996/97 aufwändig restauriert. Danach zog das Standesamt ein. **In der großen Diele des Vierständerhauses haben bis zu 40 Gäste Platz.** Neben dem Standesamt befindet sich hier auch die Tourist-Info.

Ein Vierständerhaus für das Ja-Wort

Zweitältestes E-Werk im Landkreis Uelzen

8

Eine weiter flussaufwärts liegende Mühle wurde bereits 1330 erwähnt. Das heutige Mühlengebäude stammt von 1788. 1887 kaufte die Familie Schulz die Mahl- und Ölmühle. Letztere stand auf der anderen Flussseite und wurde 1895 in eine Sägemühle umgebaut und bis 1940 betrieben. 1900 erhielt die Mühle einen Gleichstromgenerator. Damit konnte die mechanische Energie der Wasserturbine in elektrischen Strom umgewandelt werden. Der Mühlenbesitzer baute schließlich ein Elektrizitätswerk neben der Mühle. Es nahm 1910 seinen Betrieb auf und versorgte Drohe bis 1929 mit Strom, Wieren sogar bis 1943. Der Mühlenbetrieb endete 1962.

Historische Wassermühle Wieren

Zur alten Mühle 1
29559 Wrestedt

Die Mühle versorgte Wieren einst mit Strom

Hundertwasser-Kunst am Uelzener Bahnhofsgebäude

Auch die Bahnsteige sind künstlerisch gestaltet

Einer der schönsten Bahnhöfe weltweit

9

Hundertwasser-Bahnhof Uelzen

Friedenreich-Hundertwasser-Platz 1
29525 Uelzen

Die Hansestadt Uelzen hat eine lange Eisenbahngeschichte und ist ein wichtiger Knoten- und Haltepunkt. Das Bahnhofsgebäude vom Ende des 19. Jahrhunderts wurde nach einem Entwurf des Architekten Hubert Stier erbaut, der versuchte, die Renaissance mit dem Ziegelbau zu verbinden. In den 1990er Jahren begann die Deutsche Bahn, die bis dahin teilweise unansehnlichen Bahnhofsgebäude in attraktive Einkaufs- und Erlebniszentren umzubauen. Mittelstädte wie Uelzen waren dabei aber nicht vorgesehen. So war es ein Glücksfall, dass die Neugestaltung des Uelzener Bahnhofs 1996 ein dezentrales Projekt der „Expo 2000 Hannover" wurde. Die Umgestaltung des Bahnhofs erfolgte nach Plänen des Wiener Künstlers Friedenreich Hundertwasser (1928–2000). Ihm gelang es, nicht nur den ursprünglichen Charakter des Gebäudes wiederherzustellen, sondern ihm durch eine Vielfalt von Farben und Formen ein völlig neues Leben zu geben. Dazu tragen bunte Säulen, Mosaiken, goldene Kugeln, ein geschwungenes Klinkerband, Fensterrundungen oder runde Mauern bei. Auch die lichtdurchfluteten Kuppeln sind typisch für den Künstler. Vordächer vermitteln Geborgenheit, und die Bahnsteige werden von vielfältigen Pflastersteinen geprägt. Der Bahnhofstunnel und das WC sind geprägt von ansprechenden Fliesen-Keramikarbeiten. Der Bahnhof ist aber nicht nur ein Kulturdenkmal, sondern auch ein Umweltbahnhof. Auf dem Dach befinden sich Solarmodule und sprießen Sträucher. Viele Besucher legen allein wegen des Bahnhofs einen Zwischenstopp in der Hansestadt ein.

Die Umgestaltung des Bahnhofs erfolgte nach Plänen des Wiener Künstlers Friedenreich Hundertwasser (1928–2000).

Eine von Otto Haesler geplante Siedlung

Siedlung Italienischer Garten
29221 Celle

Der Architekt Otto Haesler (1880–1962) arbeitete von 1906 bis 1933 in Celle. Er wurde später ein Verfechter des sozialen Wohnungsbaus und setzte auf einfache und klare Formen. In Celle realisierte er mehrere Siedlungen, darunter jene in der Straße „Italienischer Garten". **Die ersten Häuser entstanden dort zwischen 1924 und 1926.** Dazu gehören zwei dreigeschossige Walmdachbauten an der Wehlstraße und acht zweigeschossige Flachdachhäuser. Für Sozialwohnungen waren diese aber noch zu groß. 2005/6 wurde die Siedlung umfassend saniert. Typisch ist die auffallende blau-rot-weiße Farbgestaltung der Außenfassaden.

Klare Strukturen prägen die Bauten von Otto Haesler

Universität mit Libeskind-Zentralgebäude

11

Vorläufer der Lüneburger Universität war die 1946 gegründete Pädagogische Hochschule. Diese wuchs mit neuen Studienangeboten kontinuierlich. Verwaltungssitz ist seit 1991 das ehemalige Gelände der Scharnhorst-Kaserne. Während der „Expo 2000" war man Außenstandort der Weltausstellung. Dieser dient seither als Campus-Center. Von 2011 bis 2017 baute man dort ein neues Zentralgebäude, das von Professor Daniel Libeskind entworfen wurde. Der futuristische 38 m hohe Bau mit ineinander verschobenen Fassaden und schlitzartigen Fenstern sowie einer glänzenden Zinkfassade ist das Wahrzeichen der Universität.

Leuphana Universität

Universitätsallee 1
21335 Lüneburg

Mit Daniel Libeskind in die Zukunft

12

Das älteste Gebäude von Munster

Ollershof

Kirchgarten 2
29633 Munster

In Munster an der Örtze liegt der alte unter Denkmalschutz stehende Ollershof. Das Haupthaus, ein niedersächsisches Zweiständerhaus in Ziegelfachwerk und mit reetgedecktem Satteldach, geht auf 1789 zurück. Es ist damit das älteste Gebäude der Kleinstadt. Das Haupthaus war Teil eines Hofes, der bis ca. 1930 bewirtschaftet wurde. Die letzte Eigentümerin vererbte den Hof der Stadt. Im Erdgeschoss befinden sich heute Veranstaltungsräume sowie die Heimatstube, im Obergeschoss eine heimatkundliche Ausstellung. Außerdem findet man im Gebäude Werke der Maler Robert Stratmann und Frido Witte. Auch heiraten kann man hier.

Reetgedeckte Häuser findet man noch häufiger in der Lüneburger Heide

Reste einer alten Wasserkunst

13

Pipenposten
29221 Celle

Auf dem Brandplatz in Celle, vor dem Hoppener Haus und auf dem Großen Plan, stehen drei Brunnen, die „Pipenposten" genannt werden. Alle sind mit dem Welfen-Löwen verziert und bestanden als Wasserkunst bis Ende des 19. Jahrhunderts. **Um 1530 erbaute man im Auftrag von Herzog Ernst dem Bekenner eine erste Wasserkunst**. Wasser aus der Aller wurde dabei durch ein Röhrensystem in die Altstadt gepumpt. Anfangs betrieb man ein Schöpfwerk mit Pferden, später einen zweistöckigen Wasserturm. Neben den genannten Brunnen gab es auch 22 Notbrunnen und 72 Häuser, die so mit Wasser versorgt wurden.

Wasser aus der Aller versorgte die Bewohner

Mehr über das Leben in den Rundlingsdörfern erfährt man hier

14

Eine ganz besondere Siedlungsform

Im Wendland liegen zahlreiche sehr kleine Rundlingsdörfer, die meisten davon westlich von Lüchow. Ihr Ursprung geht vermutlich auf die Slawen zurück. Diese historische Siedlungsform ist einzigartig. Die kleinen Ortschaften, u. a. Lübeln, Jabel und Satemin sowie viele weitere, zeichnen sich dadurch aus, dass sich die Höfe um einen runden oder ovalen Dorfplatz gruppieren, der ursprünglich nur eine Zufahrt hatte. Die meisten der Bauernhäuser sind typisch norddeutsche Hallenhäuser mit Fachwerk. Überwiegend stammen die heute erhaltenen und liebevoll sanierten Gebäude aus dem 18. Jahrhundert. Damit ihr Charakter bewahrt bleibt, stehen viele der Häuser und sogar ganze Orte unter Denkmalschutz. Dennoch ist die Zeit dort nicht ganz stehen geblieben. In einigen Rundlingsdörfern gibt es Restaurants, Cafés, kleine Hotels oder andere Übernachtungsmöglichkeiten. Im Ort Lübeln informiert zudem ein Museum mit einer umfassenden Ausstellung über das typische Leben in diesen Rundlingsdörfern. In vielen Ortschaften findet man auch Ateliers verschiedener Künstler. Am besten erkundet man die Orte wandernd oder per Fahrrad. Ab und bis Lüchow gibt es einen rund 18 km langen Rundwanderweg, der verschiedene der Dörfer berührt, ebenso eine 22-km-Rundtour für Radfahrer, beide ausgeschildert. Die Rundlingsdörfer nehmen auch an der „Kulturellen Landpartie" teil, einer weithin bekannten Veranstaltung, die zwischen Himmelfahrt und Pfingsten stattfindet. Einige Rundlingsdörfer stehen auf der deutschen Vorschlagsliste für das UNESCO-Weltkulturerbe.

Im Ort Lübeln informiert zudem ein Museum mit einer umfassenden Ausstellung über das typische Leben in diesen Rundlingsdörfern.

Rundlingsdörfer im Wendland

https://wendland-elbe.de/de/rundlings-tour
https://region-wendland.de/aktivität/grosser-rundlingsweg

Das Wartebecken vor der Schleuse hat Platz für viele Schiffe

Vom Aussichtspunkt fällt der Blick auf beide Schleusen

Die größte Sparschleuse der Welt

15

Schleuse Uelzen
Esterholz 1
29559 Wrestedt

Die Doppelschleuse Uelzen I und II liegt acht Kilometer südöstlich von Uelzen bei Esterholz am Elbe-Seitenkanal. Dieser ist ein beliebtes Ausflugsziel. Er verbindet über eine Strecke von 115 km die Elbe bei Lauenburg mit dem Mittellandkanal bei Wolfsburg, gleichzeitig die Seehäfen von Hamburg und Lübeck mit dem europäischen Binnenwasserstraßennetz. Die Schleusenanlage überbrückt einen Höhenunterschied von 23 m. Eine Schleusung dauert 30 Minuten. Die Schleuse Uelzen I wurde 1976 fertiggestellt. Es ist eine Sparschleuse, da bei jedem Schleusenvorgang 60 Prozent des Wassers erhalten bleiben und nur 40 Prozent an den Elbe-Seiten-Kanal abgegeben werden. Dafür nutzt man drei Sparbecken, die seitlich neben der Schleuse liegen. An dieser Schleuse traten immer wieder Schäden auf, die größtenteils zwischen 1992 und 1997 behoben wurden. Dennoch beschloss man den Bau der Schleuse Uelzen II, um einen Schiffsverkehr auch zu sichern, wenn eine Schleuse ausfällt. Diese wurde 2006 eingeweiht. Sie ist nun die größte Sparschleuse der Welt. Die Speicherbecken sind bei ihr übereinander direkt neben der Schleuse angebaut. Beide Schleusenbecken sind etwa gleich groß, nämlich 185 bzw. 190 m lang, 12 m breit und mit einer Drempeltiefe von 4 m. Zu bestimmten Terminen werden ab dem Parkplatz des Restaurants „Zur Esterholzer Schleuse" eineinhalbstündige Führungen angeboten. Das Restaurant selbst hat nur am Samstag und Sonntag geöffnet oder für angemeldete Gruppen.

Die Schleusenanlage überbrückt einen Höhenunterschied von 23 m.

Über diesen malerischen Innenhof kommt man heute ins Museum

Nur zehn Jahre lang Residenzschloss

16

Baubeginn für das Schloss in Gifhorn war 1525, ein Jahr später war das mächtige Torhaus fertiggestellt. Es wurde im Stil der Weserrenaissance erbaut. Von 1539 bis 1549 war es die Residenz des Herzogs Franz von Braunschweig-Lüneburg. Dieser ließ 1547 die Schlosskapelle errichten, einen der ersten Sakralbauten Deutschlands, die für den evangelischen Gottesdienst erbaut wurden. Das Schloss wurde 1581 vollendet, aber später noch bis 1790 festungsartig ausgebaut. Ausgestattet mit Bastionen, Wällen und Wassergräben, wurde es nie eingenommen. Zwischen 1770 und 1780 wurden die Befestigungen aber wieder abgetragen, da sie nicht mehr zeitgemäß waren. Das Kommandantenhaus von 1581 war einst Wohnsitz des Amtshauptmanns, später Sitz des Amtsgerichtes. Heute beherbergt es das Historische Museum mit fünf Abteilungen zur Schlossgeschichte, Ur- und Frühzeit, Stadtentwicklung und Naturkunde. Die Schlosskapelle kann man ebenfalls über das Museum mitbesichtigen. Das Ablagerhaus war vom Beginn des 18. Jahrhunderts an das Wohngebäude für hohe Beamte. Gelegentlich residierten dort auch fürstliche Jagdgesellschaften. In diesem Gebäude befindet sich auch der Rittersaal. Dieser wird für Konzerte, Vorträge und Sonderausstellungen genutzt. Das Schloss wurde zwischen 1978 und 1983 grundlegend renoviert. Heute findet man im Schlosskomplex neben dem Historischen Museum Räume für den Landkreis Gifhorn mit Sitzungssaal für den Kreistag, den Rittersaal für Veranstaltungen und als Gastronomiebetrieb das Schlossrestaurant.

Das Schloss wurde 1581 vollendet, aber später noch bis 1790 festungsartig ausgebaut.

Schloss Gifhorn

Schlossplatz 1
38518 Gifhorn
Tel.: 05371 9459101
www.museen-gifhorn.de

17

Ein altes barockes Herrenhaus

Schloss Holdenstedt

Schlossstraße 4
29525 Uelzen
Tel.: 0581 6037
https://schloss-holdenstedt.de

Das Schloss hat eine mittelalterliche Burg und ein vierflügeliges Wasserschloss als Vorgängerbauten. Das heutige barocke Herrenhaus, ein zweistöckiger, gelb verputzter Backsteinbau, wurde um 1708 neu errichtet. Zwischen 1838 und 1840 erfolgten Umbauten, auch die Wassergräben wurden weitgehend zugeschüttet. Umgeben wird es von einem Park im Stil eines Englischen Landschaftsgartens, durch den die Hardau fließt. Im Zweiten Weltkrieg war es Lazarett und Offizierswohnung. Bis 1977 privat bewohnt, ist es seit 1983 im Besitz der Stadt. Nach Sanierung sollen dort kulturelle Events stattfinden und Wohnplätze für Senioren entstehen.

Ein Herrenhaus für Senioren

Abflug mit Aussicht über die Elbe

18

Wer erwartet schon kurz nach dem Start auf dem Heidschnuckenweg mitten in der Heide einen Segelflugplatz? Er liegt im Naturschutzgebiet der 773 ha großen Fischbeker Heide. Zu den Start- und Landebahnen gehören zwei 800 m lange Graspisten und eine 900 m lange Schotterbahn inmitten von Heideflächen. Bereits 1910 gab es hier die ersten Flugversuche. Seit 1925 wird der Platz genutzt. Heute betreibt der Segelflug-Club Fischbek e. V. den Platz. Die Flieger starten und landen von Anfang April bis Ende Oktober. Nur vor Ort kann man an Wochenenden im Startwagen erfragen, ob gerade ein Gastflug möglich ist.

Segelflugplatz Fischbeker Heide
21149 Hamburg

Abflug zur Elbe!

19 Prominente Stimmen

Sprechende Laternen

Rundestraße 1 b
29221 Celle

Die Celler Lichtfigurengruppe wurde 2008 von den Hildesheimer Lichtdesignern Matthias Schiminski und Peter Schmitz geschaffen. Die fünf Laternen stehen auf einer Grundfläche von 4 × 8 Metern. Dazu gehören die leicht gebeugte „Oma Lilo", ihr Enkel „Jonas" und drei Onkel. **Wenn sich ein Passant in die Gruppe stellt, sorgen die Bewegungssensoren dafür, dass die Laternen anfangen zu sprechen.** Sie haben im Kopf einen dimmbaren Leuchtkörper, der während der Sprachwiedergabe flackert und den Effekt optisch unterstützt. Bekannte Stimmen aus Rundfunk und Fernsehen erzählen dann informative Anekdoten über Celle.

Oma Lilo, Enkel Jonas und drei Onkel sprechen hier miteinander

Einmal im Leben kopfstehen

20

Etwas außerhalb von Bispingen liegt das „Verrückte Haus“, das seit 2011 seine Besucher fasziniert. Das umgedrehte und leicht windschiefe Haus führt in zwei Etagen mit einer Fläche von 110 qm durch neun Räume, darunter Wohn-, Schlaf- und Kinderzimmer sowie Küche und Bad/WC in eine völlig verdrehte Welt. Stühle, Tische, Lampen und Schränke hängen an der Decke. **Wer das Verrückte Haus betritt, hat anfangs mit der Schwerkraft zu kämpfen und Schwindelgefühle sind normal.** Die Besucher lieben es, lustige Fotos zu machen, wie sie vielleicht an der Wand schweben, an der Decke laufen oder Handstand im Bett machen.

Verrücktes Haus

Horstwegfeld 1
29646 Bispingen
Tel.: 0160 92192676
www.dasverrueckte
haus-bispingen.de

Hausbesichtigung mit Schwindelgefühl!

Der Wasserturm bietet eine der schönsten Aussichten auf die Dächer der Stadt

Alte Wassertechnik und weite Aussicht

21

Wasserturm Lüneburg

Am Wasserturm 1
21335 Lüneburg
Tel.: 04131 7895920
www.wasserturm.net

Der Wasserturm am Rande der historischen Innenstadt von Lüneburg ist eines ihrer Wahrzeichen. Der Turm mit seiner neogotischen Fassade wurde 1906/7 auf den Resten mittelalterlicher Wallanlagen errichtet und beherbergte ein vollständiges Wasserwerk. Damals galt ein Bauwerk mit einem 500.000 Liter fassende Hochtank, Enteisungs- und Filterungsanlage als hochmodern. 1985 wurde der Turm stillgelegt und die Wassertechnik verschrottet. Einzig der Wasserspeicher blieb erhalten. Ein Abriss des Turms scheiterte an den Kosten. Kurz danach wurde der Wasserturm unter Denkmalschutz gestellt, blieb aber ungenutzt und verfiel. 1998 erwarb der aus der Hauptschule (heute Oberschule) heraus gegründete Trägerverein Wasserturm Lüneburg e.V. den Turm und sanierte ihn bis zum Jahr 2000, u.a. mithilfe von Langzeitarbeitslosen. Im Juni 2000 wurde er wiedereröffnet. Seither gelangt man mit einem Fahrstuhl oder sportlich über Treppen im Turminneren hinauf zur Aussichtsterrasse. In 56 m Höhe genießt man von dort eine weite Rundsicht über die Dächer und Giebel von Lüneburg. An klaren Tagen reicht die Sicht bis zum 40 km entfernten Hamburg. Im Inneren gibt es einen Tagungsraum, der auch für Feste zur Verfügung steht. Freitags kann man dort heiraten. Regelmäßig finden dort auch kulturelle Veranstaltungen und Ausstellungen statt. Jeden Samstag (11 Uhr) wird eine sogenannte Schüler/-innen-Führung angeboten, bei der auch die alte Technik und die Entwicklung der Wasserversorgung erläutert werden.

In 56 m Höhe genießt man von dort eine weite Rundsicht über die Dächer und Giebel von Lüneburg.

Eine romantische Hochzeitslokation

Windmühle Eyendorf
Mühlenweg 2
Tel.: 04172 6686
21376 Eyendorf

Die vierflügelige Erdholländer-Windmühle in Eyendorf wurde 1897 erbaut. Auf einem einstöckigen roten Mauerwerk steht der achteckige weiß gestrichene Mühlenrumpf. Seine Kappe wird von einer doppelten Windrose gedreht. 2019 umfassend saniert, ist die Mühle bis heute voll funktionsfähig. Mühlenbesichtigungen sind entweder am Tag des Mühlenfestes möglich, traditionell am Pfingstsamstag oder nach telefonischer Voranmeldung beim Verein zur Erhaltung der Eyendorfer Mühle e.V. Im Mühleninneren befindet sich ein romantisches Trauzimmer. Trauungen sind nach Absprache mit dem Standesamt Salzhausen möglich.

Mühlenbesitzer waren einst reiche Leute

Das Haustier der ärmeren Stadtbewohner

23

Ziegenplastik
Steinweg 36
38518 Gifhorn

Bremen hat seine Stadtmusikanten – Gifhorn, die Kreisstadt in der Südheide, dafür seine Ziegenplastik! Die Gruppe von fünf Ziegen steht in der Fußgängerzone an der Allerbrücke. Es dürfte kein kleines Kind in Gifhorn geben, das noch nicht auf einer der Ziegen geritten ist. Die Plastik wurde 1996 zum 800. Stadtjubiläum durch den Bildhauer Josef Baron erschaffen. Dieser gestaltete vor allem sakrale Bauwerke, aber auch den Eselsbrunnen in Unna. Die Ziegenplastik erinnert an frühere Zeiten, als die Ziege die Kuh des kleinen Mannes war. So konnten sich auch ärmere Stadtbewohner zumindest eine Ziege leisten.

Ziegen zum Anfassen in der Fußgängerzone

Bei Sonnenschein sind die Plätze auf dem Deck schnell belegt

Der Celler Hafen ist ein beliebter Liegeplatz für Bootsgäste

Auf der Aller gemütlich kreuzen

24

Aller-Schiffsfahrten Celle

Hafen an der Hafenstraße
29221 Celle
Tel.: 05141 941180
und 0171 7727026
https://celler-schifffahrt.de

Nordwestlich der Altstadt liegt der Celler Hafen. Die Steganlage wurde vom örtlichen Yachtclub gepachtet und steht als Liegeplatz auch Gästen gegen Entgelt zur Verfügung. Der Hafen ist aber auch Startpunkt für Schiffsrundfahrten auf der Aller. Sie ist der größte Nebenfluss der Weser, 260 km lang und ab Celle schiffbar. Die Rundfahrten werden mit dem 1984 erbauten Fahrgastschiff „MS Wappen von Celle" der Reederei Kosch durchgeführt. Es ist 22 m lang, 4,40 m breit und verfügt über einen Salon für 140 Gäste und ein schönes Freideck. Getränke und kleine Speisen sind auch an Bord erhältlich. Die regulären Linienfahrten (Mai–Okt.) starten um 13 Uhr. Von Dienstag bis Donnerstag und am Samstag geht es mit Halt in Boye und Stedden nach Oldau. Rückkehr in Celle ist um 16.10 Uhr. Sonntags geht die Fahrt dann noch weiter nach Winsen/Aller, 17.30 Uhr ist man wieder zurück im Celler Hafen. Im Rahmen der Linienfahrten kann man auch nur Teilstrecken buchen, muss also nicht mit dem Schiff nach Celle zurückkommen. Auch die Mitnahme von Fahrrädern ist beschränkt möglich. Außerhalb der Linienfahrten kann das Boot von Gruppen gechartert werden. Ein Höhepunkt der Schiffsfahrt ist das Befahren der Schleuse Oldau, eine von insgesamt vier Aller-Schleusen. Die Schleuse von Oldau wurde von 1908 bis 1910 erbaut, hat eine Nutzlänge von 159 m und überbrückt einen Höhenunterschied von 3,21 m. In Oldau kann man zudem ein interessantes Wasserkraftwerk besichtigen und von dort mit dem Fahrrad oder Bus nach Celle zurückfahren.

Ein Höhepunkt der Schiffsfahrt ist das Befahren der Schleuse Oldau, eine von insgesamt vier Aller-Schleusen.

Vom Baumwipfelpfad fällt der Blick hinab in die Gehege vom Tierpark

Eine fantastische Vogelperspektive aus 40 m Höhe

Die Heide von ganz oben erleben!

25

Seit 2019 zieht der Baumwipfelpfad als einzigartige Attraktion viele Besucher an. Der barrierefreie Weg steigt langsam durch die Kiefern- und Fichtenwälder an und bietet dabei spannende Tiefblicke auf das Gelände des Wildparks. Entlang des Weges vermitteln 20 Stationen den Besuchern Wissen über die Natur der Lüneburger Heide. Unterwegs laden Bänke zu einer Rast ein. Der Steg aus Lärchenholz und Metall endet nach 700 m an einem 40 m hohen Aussichtsturm. Die rund 150 qm große Plattform des Turms erreicht man über zahlreiche Stufen oder auch mit dem Fahrstuhl. Der atemberaubende Weitblick umfasst Teile der Lüneburger Heide und reicht bei guter Sicht bis zu den Kränen des Hamburger Hafens. Ideal ist es, den Ausflug mit einem Besuch im Wildpark zu verknüpfen, wofür es ein Kombi-Ticket gibt. Im viel älteren Wildpark leben über 1200 Tiere und etwa 140 verschiedene Arten. Zu sehen sind u.a. auch Braun-, Nasen- und Waschbären, Elche, Luchse, Poitou-Esel, Polarfüchse, Präriehunde, Rentiere, Wasserbüffel, Wildkatzen und Wölfe. Von Frühjahr bis Herbst gibt es zudem Greifvogel-Vorführungen, Vorträge an bestimmten Gehegen und Fischotterfütterungen. Kleinere Kinder lieben den Abenteuer- und Wasserspielplatz. Auch an Restaurants und einem Tagungsraum fehlt es nicht. Außerdem werden fachkundige Führungen für Gruppen angeboten. Übernachten kann man im Schäferdorf, das zwischen Wildpark und Baumwipfelpfad liegt, entweder in urigen Schäferwagen oder in komfortablen Appartements.

Der atemberaubende Weitblick umfasst Teile der Lüneburger Heide und reicht bei guter Sicht bis zu den Kränen des Hamburger Hafens.

Baumwipfelpfad Heide-Himmel und Wildpark Nindorf

Wildpark 1
21271 Nindorf-Hanstedt
Tel.: 04184 893926 (Baumwipfelpfad)
Tel.: 04184 89390 (Wildpark)
https://heide-himmel.de
https://wild-park.de

26 Vielseitiger Badespaß für Wasserratten

Celler Badeland
77er Straße 2
29221 Celle
Tel.: 05141 9519350
https://celler-badeland.de

Das Celler Badeland liegt gegenüber der Garnison-Kirche und bietet viel Abwechslung. Es steht stellvertretend für eine große Anzahl von Erlebnisbädern in der Lüneburger Heide. Das Hallenbad verfügt über ein 25-m-Becken und einen 3-m-Sprungturm, Spiel- und Spaßbecken, Rutschen, Whirlpools, einen Wildbergbach und Außenschwimmbecken. Daneben gibt es einen Sauna- und Wellnessbereich. Zum Freibad gehören ein 50-m-Becken, eine Riesenrutsche, Strandkörbe, Sonnenliegen, ein Kinderspielplatz und Beachvolleyballfelder. Weitere Bäder sind die Thermen und Schwimmbäder in Bispingen, Munster, Schneverdingen oder Uelzen.

Das Erlebnisbad bietet auch einen großzügigen Außenbereich

Fitness für Jung und Alt

27

Entlang dreier Seen, durch die die Aue fließt, wurde von 1968 bis 1974 der Seepark angelegt. Zwischen dem nördlichsten und mittleren See liegt dort auch der „Kurpark am See", eine Freizeitanlage mit großzügigen Liege- und Sportwiesen. Hier findet man Tretbootverleih, Minigolfanlage, Kneippbecken, Drachen-Spielpark, einen Bouleplatz, Musikpavillon und mehr. Außerdem gib es Walking- und Nordic-Walking-Strecken. **So kann hier jeder über seine sportlichen Aktivitäten selbst entscheiden.** Der Kiosk „Seeterrasse" dient nicht nur als Imbiss, sondern auch als Verleihstation für die Boote und Sportgeräte.

Freizeitanlage Kurpark am See

Kiosk Seeterrasse
Gartenstraße 27
29389 Bad Bodenteich
Tel.: 05824 9858522
(Apr.-Okt.)

Mit Tretbooten den See gemütlich entdecken

28 Viel Abenteuer und Nervenkitzel

Heide-Park Soltau
Heide Park 1
29614 Soltau
Tel.: 05192 6214900
www.heide-park.de
(Apr.–Okt.)

Der 1997 eröffnete Heide-Park ist mit 50 Fahrgeschäften und Shows der zweitgrößte Freizeit- und Themenpark Deutschlands. **Sieben große Achterbahnen und andere Attraktionen sorgen für reichlich Adrenalin.** Ein Besuchermagnet ist „Colossos – Kampf der Giganten", eine der steilsten Holzachterbahnen der Welt. Sehr beliebt ist auch „Big Loop", eine Looping-Achterbahn. Oder wie wäre es mit einem Flug der Dämonen? In Deutschlands einzigem Wing Coaster fehlt der Boden unter den Füßen. Nervenkitzel verspricht auch einer der größten Gyro-Drop-Tower der Welt: nämlich einen freien Fall von 71 m mit 100 km/h.

Nervenkitzel mit der Krake

29

Wohlfühl-Oase für Körper und Seele

Jod-Sole-Therme Bad Bevensen

Dahlenburger Straße 3
29549 Bad Bevensen
Tel.: 05821 5776
https://jod-sole-therme.eu

Als in den 1960er Jahren Bagger Löcher in den Boden bohrten, suchte man nach Erdöl, wurde aber in Bad Bevensen nicht fündig. Dafür stieß man auf die Jod-Sole-Quelle. So wurde aus dem Luftkurort ein Bad. Die Jod-Sole-Therme in Bad Bevensen besticht durch ihre herrliche lichtdurchflutete Atmosphäre und grenzt direkt an den wunderschön gestalteten Kurpark. Zur großzügigen Wasserlandschaft gehören Innen- und Außenbecken mit Temperaturen von 32 und 36 Grad sowie etlichen Wasserattraktionen. Der Salzanteil ist mit über drei Prozent außergewöhnlich hoch und lässt Ihren Körper schweben.

Relaxen bei mehr als 30 Grad

30 Flusslandschaften mit dem Kanu erleben

Kanu-Touren Celle Allerleih
Fritzenwiese 49
29221 Celle
Tel.: 05141 2055588
www.allerleih-celle.de

Kanufahren ist ein naturnahes Erlebnis, dass jeder lernen kann. Das Abenteuer beginnt schon beim Einsteigen, wenn das Boot anfängt zu schaukeln. Die Strömung weist den Kurs. Genießen Sie die Natur mit weiten Wiesen und schattigen Wäldern. Manchmal ragen Baumkronen über den Fluss oder Büsche bilden kleine Inseln. Mit Glück sehen Sie sogar einen Fischotter. **Das Aller-Tal ist aber auch Heimat zahlreicher Weißstörche.** Was für die Aller zutrifft, gilt natürlich auch für viele andere Heideflüsse. Kanuverleihstationen bzw. Ein- und Ausstiegsstellen finden Sie auch auf Böhme, Ilmenau, Luhe, Örtze und Seeve.

Viele Kinder lieben solche naturnahe Wassererlebnisse

Besuch bei seltenen Tierarten

31

Das am Isenhagener See gelegene Otter-Zentrum ist ein gern besuchtes Ausflugsziel. Gezeigt werden im 6 ha großen Park etliche einheimische Tierarten in natürlicher Umgebung, darunter nicht nur die vom Aussterben bedrohten Fischotter oder Otterhunde, sondern auch mehrere verwandte Marderarten. **Hier findet man auch das einzige Freigehege für den Hermelin weltweit und das einzige Freigehege für Baummarder in Europa.** Einzigartig ist auch das „Nerz-Moor", in dem sich in einer großen Moorlandschaft Nerze, die in Deutschland selten sind, und ihre amerikanischen Vetter, die Minke, tummeln.

Otter-Zentrum Hankensbüttel

Sudendorfallee 1
29386 Hankensbüttel
Tel.: 05832 98080
https://otterzentrum.de

Fütterungszeit (Foto: Südheide-Touristik)

32 Wohlfühlen mit Salz auf der Haut

SaLü Salztherme Lüneburg

Kurzentrum Lüneburg Kurmittel GmbH
Uelzener Straße 1-5
21335 Lüneburg
Tel.: 04131 7230
www.salue.info

In Lüneburg lockt Norddeutschlands größtes Erlebnisbad mit rund 1.700 qm Wasserfläche. **Der Besuch der Therme wirkt entspannend wie ein Urlaubstag!** Die Bereiche der Salztherme orientieren sich an Lüneburg und seiner Geschichte. So bezeichnet das „Wasserviertel" den Badebereich, „Lüne Düne" den Ruhebereich in diesem Areal. Die Bezeichnung „Baumhaus" steht für den Turm mit zwei 150-m-Wasserrutschen und „Lütter Stint" für das Kinderareal. Die Saunalandschaft nennt sich „Siederei". Der Bereich mit Solebecken „Heidemoor". Sie haben 1,5 bis zwei Prozent Solegehalt, das Becken „Heidelauschen" vier Prozent.

Verwöhnprogramm für Körper und Seele

Zwischen Löwen, Affen und Riesenrad

33

Der südlich von Hodenhagen liegende Serengeti-Park ist der zweitgrößte Freizeitpark der Lüneburger Heide, aber der größte Safaripark Europas. Er unterteilt sich in drei Bereiche, nämlich die Serengeti-Safari, die Dschungel-Safari und die Abenteuer-Safari. Im Bereich der 120 ha großen Serengeti-Safari leben rund 1.500 Tiere, größtenteils aus Afrika. **Hier kann man mit dem eigenen Auto auf Safari-Tour gehen, alternativ aber auch an einer Bus-Tour teilnehmen.** Im Bereich der Dschungel-Safari leben etwa zwanzig Affenarten. Die Abenteuer-Safari wird zu Fuß erkundet und umfasst über vierzig Fahrgeschäfte und Shows.

Serengeti-Park Hodenhagen

Am Safaripark 1
29693 Hodenhagen
Tel.: 05164 97990
www.serengeti-park.de

Hier bekommen Sie das Gefühl für Afrika

Eine Wohlfühl-Insel für jedes Wetter

Soltau-Therme
Mühlenweg 17
29614 Soltau
Tel.: 05191 84481
www.soltau-therme-online.de

Ein Ort, um vom Alltag abzuschalten, ist die Soltau-Therme. Sie bietet viel Wasserspaß und Erholung in einem 600 qm großen Solebecken mit Innen- und Außenbereich. Daneben gibt es ein Therapiebecken mit fünf Prozent Salzgehalt, Whirlpools, Wasserfälle, ein Sole-Dampfbad sowie einen Ruheraum mit Gradierwerk. Das Allwetterbad mit einem komplett zu öffnenden Dach verfügt über ein 312 qm großes Schwimm- und ein kleineres Lernschwimmbecken, ein Sprungbecken mit 5-m-Turm und eine 82 m lange Wasserrutsche sowie einen Kinderbadebereich. Zur Saunawelt gehören verschiedene Saunen, ein Dampfbad, eine Infrarotkabine und ein Saunagarten.

Innen warten hier auf die Besucher der Wellness- und Fitness-Bereich

Abkühlung im Hochsommer

35

Hodenhagen bietet im Sommer einen Badesee mit Sandstrand. Er liegt am südlichen Ortsrand. Auch wenn der Volksloh-See einen sehr naturnahen Eindruck vermittelt, wurde er 1985 künstlich angelegt, um den Einwohnern in den Sommermonaten eine Bademöglichkeit zu bieten. Im See liegen außerdem zwei kleine Inseln. An seiner Westbucht erstreckt sich ein wunderschöner Sandstrand, der bei den Besuchern äußerst beliebt ist. **Hier kann an heißen Tagen schon Südsee-Feeling aufkommen!** Ein Kiosk versorgt zudem die Badegäste. Für weitere Abwechslung sorgt ein angrenzender Minigolfplatz.

Strandbad Hodenhagen

Badesee Volksloh
29693 Hodenhagen

Ein schöner Sandstrand vor der Haustür

36

Inmitten von über 200 Rosaflamingos

Weltvogelpark Walsrode

Am Vogelpark
29664 Walsrode
Tel.: 05161 60440
www.weltvogelpark.de

Der weltweit größte Vogelpark lockt mit rund 4.000 Vögeln von 650 Arten und unzähligen Baum- und Blumenarten. Der 1962 gegründete Park ist durch sieben Innenbereiche mit 5.000 qm Fläche auch bei nicht so gutem Wetter einen Besuch wert. **Beliebt sind insbesondere die täglichen Schaufütterungen und die Flugshows**, bei der sehr unterschiedliche Vögel gezeigt werden. Zahlreiche Vogelerlebnisanlagen sind einfach nur faszinierend, darunter eine 3.000 qm große Freiflughalle, die Regenwaldhalle und das Kolibrihaus. Verlockend sind auch die einmalige Parklandschaft und ein japanischer Garten.

Ein farbenprächtiger Riesentukan beim Füttern

Heimische Tier- und Pflanzenwelt

37

Vor den Toren Hamburgs gelegen, ist der Wildpark Schwarze Berge ein sehr beliebtes Ausflugsziel. **In der 50 ha großen und hügeligen Parkanlage wollen rund 1.000 Tiere von etwa 100 Arten entdeckt werden.** Dazu gehören Wisente, Wölfe, Luchse, Bären, Elche, Zwergotter und Rotwild. Über Stufen geht es hinauf zum 45 m hohen Elbblickturm. Das Natur-Erlebnis-Zentrum lädt mit verschiedenen Aktionen zum Mitmachen ein. Und Besucher, denen „die Beine abfallen“, können alles von April bis Oktober bequem mit der Wildparkbahn erkunden und im Wildpark-Restaurant ausspannen. Kinder lieben den Abenteuer-Spielplatz.

Wildpark Schwarze Berge
Am Wildpark 1
21224 Rosengarten
Tel.: 040 81977470
www.wildpark-schwarze-berge.de

Eine ganze Luchsfamilie auf Lauer

Die alte Technik von 1911 liefert noch immer Strom

Die kleine Hademstorfer Schleuse könnte auch am Göta-Kanal liegen

Eine zauberhafte Flusslandschaft

38

Aller

Die 260 km lange Aller entspringt in der Magdeburger Börde und mündet bei Verden in die Weser. Sie ist ein typischer sand- und lehmgeprägter Tieflandfluss, der auf seinem Weg wenig Gefälle aufweist. Üblich sind außerdem Hochwasser-Zeiten im Winter und eine lang anhaltende Niedrigwasserphase im Sommer. Auch wenn die untere Aller ab Celle als Binnenwasserstraße ausgewiesen ist, kann man eine bezaubernde Flusslandschaft mit vielfältigen Lebensräumen für Tiere und Pflanzen erwarten. So ist das Aller-Tal ein Paradies für Weißstörche. Von Mitte Mai bis Mitte Juli ist die beste Zeit, Alt- und Jungstörche in ihren Nestern zu beobachten. Das Allertal kann man sehr unterschiedlich erkunden. Teilweise führen entlang des Ufers Spazier- und Wanderwege. Gern genutzt ist auch der Aller-Radweg. Die ausgeschilderten Strecken folgen dem Flusslauf und führen an etlichen Sehenswürdigkeiten vorbei. Bei Eickeloh führt zu festen Zeiten eine historische Gierseilfähre über den Fluss. Zwischen Celle und der Einmündung der Leine liegen zudem vier alte kleine Schleusen, die zwischen 1908 und 1918 erbaut wurden. Bei der Schleuse Oldau liegt noch ein altes Wasserkraftwerk von 1911, das als Technisches Denkmal gilt und nach Modernisierung noch immer Strom liefert. Von Celle aus startet ein Fahrgastschiff, das Radfahrer auch für eine einfache Fahrt nutzen können. Beliebt sind natürlich Kanufahrten auf der Aller, wobei es an vielen Orten Stege gibt, an denen man seine Tour beginnen oder enden lassen kann.

Das Allertal kann man sehr unterschiedlich erkunden.

39

Mehr als nur ein Feuerlöschteich

Angelbecksteich
Escheder Landstraße/
Dehningshof
29320 Oldendorf

Der Angelbecksteich in der Südheide ist ein beliebtes Ziel und Zwischenstation vom Heidschnuckenweg. Hier gibt es viele Kiefern, die auf trockenem Sandboden stehen und bei langanhaltender Trockenheit brandgefährdet sind. Bei dem großen Waldbrand 1975 brannte auch hier der Wald vollständig ab. Danach legte man einen Feuerlöschteich an, den heutigen Angelbecksteich. Auf der abgebrannten Fläche wuchs u.a. Heide nach. Diese wurde weiterentwickelt. **So breitet sich heute am idyllischen Teich eine wunderschöne Heidefläche aus.** Den Teich umrundet ein 1,4 km langer barrierefreier Spazierweg.

Hier führt der Heidschnuckenweg vorbei

Eine erfolgreiche Renaturierung erleben

40

Das ursprüngliche Moorgebiet wurde in den 1950er Jahren entwässert und in Grünland umgewandelt. 1985 wurden die Moorreste unter Naturschutz gestellt. Ab 2006 begannen Arbeiten zur Renaturierung. Die Vorfluter, die man einst zur Entwässerung des Moores angelegt hatte, wurden durch Dämme wieder aufgestaut. Standortfremde Bäume wurden entfernt. **Heute sind weite Moorflächen mit Blauem Pfeifengras bewachsen.** Außerdem gibt es seltene geschützte Pflanzen und Tiere. Vom 8,44 m hohen Heinrich-Eggers-Turm mit Fernrohr auf der Aussichtsplattform hat man einen schönen Weitblick über das Gelände.

Becklinger Moor
29303 Becklingen
Stadt Bergen

Eine Flusslandschaft entdecken

Böhme

Die Böhme entspringt im Pietzmoor südlich von Schneverdingen und mündet zwischen Ahlden und Rethem in die Aller. Sie ist ihr wasserreichster Nebenfluss, der auf 71 km Länge durch den Heidekreis fließt. An ihr liegen namhafte Heideorte. Besonders lockt jedoch das Naturerlebnis mit urigen schattigen Wäldern und weiten Wiesen. **Romantisch ist insbesondere der Abschnitt zwischen Dorfmark und Walsrode, wo der Fluss von einem bis zu 40 m hohem Steilufer eingerahmt wird.** Das Böhmetal lässt sich auf gut ausgeschilderten Rad- und Wanderwegen erkunden. Auch bei Kanufahrern ist der Fluss beliebt.

Wälder und Wiesen wechseln sich an den Ufern der Böhme ab

Für Piraten und Sonnenanbeter

42

Nördlich vom Bahnhof Munster (Örtze) liegt der Flüggenhofsee, der auf einem Weg umrundet werden kann. Ursprünglich wurde hier Kieselgur abgebaut. Der danach in den 1960er Jahren angelegte See ist heute eine Erholungsoase. An seiner Nordwestseite liegt ein schöner Sandstrand mit Piratenspielplatz und Grillplatz, auf seiner Südseite ein Hundestrand sowie eine Kleintierzuchtanlage. Im See sind viele Fischarten zu finden. Angler des örtlichen Vereins oder auch Nichtmitglieder mit Gastangelkarte dürfen hier angeln gehen. Im Winter bei zugefrorener Oberfläche kann man wunderbar Schlittschuh laufen.

Flüggenhofsee

Breloher Straße
29633 Munster
(Örtze)

Sandstrand oder Piratenspielplatz?

Das größte Hochmoor im Heidekreis

Grundloses Moor und Grundloser See
bei 29664 Walsrode

Das Naturschutzgebiet Grundloses Moor liegt nordwestlich von Walsrode. Besonders der Südteil des Moores wurde früher zum Torfstechen genutzt, regenerierte sich aber. Moortypische Pflanzen hier sind Wollgras, Moos- und Rauschbeere, Glockenheide und Torfmoos. Überwiegend ist das Grundlose Moor mit Bruchwäldern aus Kiefer und Birke bewachsen. Im östlichen Teil liegen der Kleine See und der Grundlose See. Sein Erhalt hängt mit dem Hochmoor zusammen. Der 19 km lange Rundwanderweg 5 führt von Walsrode zum See und zurück. Nördlich von Fulde und im Osten bei Ebbingen gibt es Parkplätze, die näher am See liegen.

Typische Moorpflanzen am Rand des Grundlosen Sees

Die nördlichste Talsperre Deutschlands

Der etwas nördlich von Hösseringen gelegene Hardausee bedeckt eine Fläche von 8 ha und liegt in einem hügeligen Endmoränengebiet. **Der See wird von der gleichnamigen Hardau gespeist und ist eigentlich eine Talsperre.** 1971 baute man nämlich eine etwa 5 m hohe Staumauer, um für kühles Wasser von guter Qualität zu sorgen. An seinem Westufer liegt ein weißer Sandstrand mit Kinderspielplatz, Kiosk und Tretbootverleih (Apr.–Okt). Spaziergänger können den idyllischen See gemütlich umrunden. Außerdem liegt der Hardausee am Wassererlebnispfad Hardau, der Uelzen mit dem Museumsdorf Hösseringen verbindet.

Hardausee

bei 29556
Hösseringen

Hier fließt die Hardau durch

Eine schöne Holzbrücke lädt zur Flussüberquerung bei Medingen ein

Die Ilmenau schlängelt sich auch durch Bad Bevensen

Ein traumhafter Heidefluss

45

Ilmenau

Die Ilmenau im Osten der Lüneburger Heide hat keine eigene Quelle, sondern entsteht aus dem Zusammenfluss der Heidebäche Gerdau und Stederau im Süden von Uelzen. Von dort schlängelt sie sich durch eine abwechslungsreiche Landschaft und mündet bei Hoopte in die Elbe. Sie ist 86 km lang, seit 1999 europäisches Naturschutzgebiet und das wichtigste Gewässer in der Lüneburger Heide. Das Landschaftsbild wird geprägt von weiten Wiesen und Weiden, Baumreihen, Bruchwäldern und eingestreuten Sümpfen. Besondere Bedeutung kommt der Ilmenau als Lebensraum für zahlreiche schützenswerte Tier- und Pflanzenarten zu. Sie ist sehr fischreich, und man findet in ihr u.a. Äsche, Bitterling, Groppe, Elritze und Lachsforelle. Anzutreffen sind auch Fischotter, die Bachmuschel, Libellen und ganz viele Fliegenarten. Zu den typischen Vogelarten zählen Eisvogel, Gebirgsstelze, Kleinspecht, Nachtigall und Pirol. Ein echtes Erlebnis ist das Befahren des 2009 eröffneten Ilmenau-Radwegs, der sich am Flusslauf orientiert. Er führt von Bad Bodenteich, alternativ vom Museumsdorf Hösseringen, bis nach Hoopte an der Elbe. Die Strecke ist insgesamt 120 km lang. Wanderer können beispielsweise von Lüneburg bis nach Bad Bevensen wandern. Gern wird die Ilmenau auch im Abschnitt von Uelzen bis Lüneburg mit dem Kanu befahren, zumal die Strecke nur von einem Wehr bei Bad Bevensen unterbrochen wird. Dank der Fließgeschwindigkeit ist der Fluss auch für Ungeübte flussabwärts, insbesondere ab Bad Bevensen, gut befahrbar.

Besondere Bedeutung kommt der Ilmenau als Lebensraum für zahlreiche schützenswerte Tier- und Pflanzenarten zu.

Ein Fluss, der zwei Namen hat

Jeetzel

Die Jeetzel entspringt in der Altmark, durchfließt im Wendland die Niederungen östlich des Drawehn-Höhenzugs und mündet bei Hitzacker in die Elbe. **Der 73 km lange Fluss heißt in Sachsen-Anhalt Jeetze, im Wendland bzw. Niedersachsen Jeetzel.** Der Name leitet sich von der altslawischen Bezeichnung „jasenu" ab, was so viel wie Eschenbach heißt. Vom 13. bis ins 19. Jahrhundert war die Jeetzel ein wichtiger Wasserhandelsweg. Früher kam es zu regelmäßigen Überschwemmungen im mittleren Wendland. Deshalb baute man in den 1950er Jahren zwischen Lüchow und Dannenberg einen von Deichen eingefassten Jeetzel-Kanal.

Deiche zu beiden Seiten schützen bei Hochwasser

Per Kanu, Rad oder wandernd entdecken

47

Luhe

Die Luhe hat eine unterirdische Quelle und tritt erst bei Bispingen zutage. Von dort schlängelt sie sich 58 km durch die Lüneburger Heide. Der naturnahe Fluss ist reich an Lachs- und Meeresforellen und wird intensiv von Kanuten benutzt. **Sehr beliebt ist auch der rund 60 km lange, ausgeschilderte Luhe-Radweg, der Bispingen mit Winsen (Luhe) verbindet und sich am Flusslauf orientiert.** Auf dem Weg kommt man u. a. durch Soderstorf mit einer sehenswerten Nekropole, in Oldendorf (Luhe) liegt wenig abseits die Oldendorfer Totenstatt. Streckenweise gibt es auch Wanderwege entlang bzw. unweit der Luhe.

Hier begleitet ein Wanderweg die Luhe

Seeadler beim Abflug

Kormorane und Saatgänse auf Ausflugstour

Ein Stück Mecklenburger Seenplatte

48

Meißendorfer Teiche und Bannetzer Moor

NABU Gut Sunder
OT Meißendorf
29308 Winsen (Aller)
Tel.: 05056 970111
www.nabu-gutsunder.de

Der Begriff „Teiche" ist mit Sicherheit untertrieben, denn die Besucher erwartet eine ausgedehnte Seenlandschaft. Das Naturschutzgebiet Meißendorfer Teiche liegt etwa sieben Kilometer nordwestlich von Winsen (Aller) bei Meißendorf. Es umfasst heute etwa 80 Teiche, Teile der Meißeniederung mit Wiesen und Erlenbruchwäldern sowie das Bannetzer Moor mit Hochmoorresten und größeren Flächen vom gefährdeten Gagelstrauch. 1881 begann der damalige Eigentümer vom Gut Sunder mit dem Anlegen von 51 Teichen auf den Heide- und Moorflächen. Einst war es das größte Karpfenzuchtgebiet Norddeutschlands. Inzwischen wurde aber auch die Meiße abschnittsweise wieder renaturiert. 1948 drehte der bekannte Naturfilmer Heinz Sielmann hier seinen ersten Kinofilm. Das Naturschutzgebiet, eines der wertvollsten Feuchtgebiete Niedersachsens, ist bekannt für seine reiche Vogelwelt. Rund 130 Brutvogelarten und über 60 Rastvogelarten konnte man nachweisen. Zudem leben hier etwa 40 Libellen- und über 400 Schmetterlingsarten. In den Teichen selbst finden sich verschiedene Fischarten, Amphibien und Reptilien. Auch den seltenen Fischotter trifft man hier an. Seit 1980 unterhält der NABU auf dem Gut Sunder am Hüttensee ein Umweltbildungs- und Naturerlebniszentrum mit Übernachtungsmöglichkeit. Seminare, geführte Tagestouren und eine „Wildtiernis"-Ausstellung gehören zum Angebot. Die Umgebung kann man von dort erwandern und so die Natur voll genießen. Ein Aussichtsturm bietet eine weite Sicht über das Seengebiet.

Das Naturschutzgebiet, eines der wertvollsten Feuchtgebiete Niedersachsens, ist bekannt für seine reiche Vogelwelt.

Alte Mühlentechnik in Munster, die fasziniert

Der ursprünglichste aller Heideflüsse

49

Örtze

Die Örtze entspringt auf dem Truppenübungsplatz Munster Nord und mündet nach 62 km südöstlich von Winsen in die Aller. Sie gilt als der ursprünglichste Heidefluss aufgrund des größtenteils unbegradigten, kurvenreichen Verlaufs. Die angrenzenden Wiesen und weitläufigen Wälder sowie die dünne Besiedlung begünstigen das Vorkommen seltener Pflanzen- und Tierarten. Hier findet man u. a. den Eisvogel und Schwarzstorch. Der Fischotter hat hier eines seiner Hauptverbreitungsgebiete in Niedersachsen. Zu den seltenen Pflanzen gehören das Knabenkraut oder die Sumpfdotterblume. Naturschützer wünschen sich, dass die Örtze wie früher wieder ein Lachsfluss wird. 1935 wurden hier die letzten Lachse gefangen. Seit 1982 wird eine Wiederansiedlung versucht, aber Stauwehre verhindern noch den Weg bachaufwärts. Früher war auch die Flößerei auf der Örtze verbreitet. Kanuten finden eine gute Infrastruktur mit etlichen Ein- und Aussetzstellen, idyllischen Rastplätzen und Anbietern von Leihbooten. Auch beliebte Fahrrad- und Wanderwege führen am Fluss entlang. Politzen, Müden und Hermannsburg sind durch einen Fluss-Wald-Erlebnispfad miteinander verbunden. Immer wieder führen kleine Holzbrücken über den Fluss und geben Blicke auf die idyllische Flusslandschaft frei. Am Lauf der Örtze liegen zudem interessante alte Bauwerke, darunter die Wassermühle in Munster, die an Mahl- und Backtagen besichtigt werden kann, die Sültinger Mühle, die Mühle und das Wehr in Müden sowie das Wehr in Wolthausen.

Immer wieder führen kleine Holzbrücken über den Fluss und geben Blicke auf die idyllische Flusslandschaft frei.

Für Sonnenanbeter und Wasserratten

Oldenstädter See
Oldenstadt
29525 Uelzen

In den 1970ern wurde hier Sand für den Bau des Elbe-Seiten-Kanals entnommen, in den 1990ern erneut für den Bau der Ortsumgehung. **Heute ist der nördlich von Oldenstadt gelegene und 15,5 ha große See ein beliebtes Ausflugsziel.** An seiner Nordseite befinden sich zwei Naturstrände. Der mittlere Teil des Sees ist Surfern und kleinen Booten vorbehalten, der Südteil ist ein Biotop für Pflanzen und Tiere. Am Nordostufer liegt das historische Rauchhaus, ein Backsteinbau mit Reetdach, 1736 erbaut und 1986 nach hier versetzt. Um den See führt ein Wanderweg. Im Winter lockt ein kleiner Rodelberg am Ufer.

Von Menschenhand geschaffener Naturraum beim Bau des Elbe-Seiten-Kanals

Hier darf geträumt werden!

51

Nördlich und östlich des kleinen Heideortes Wesel fließt in einer Senke der Weseler Bach. An ihm liegt ein kleines Teichsystem, das einst der Fischzucht diente und heute vor allem Amphibien als Lebensraum. Um einen dauerhaften Erhalt zu gewährleisten, wurden 2022 die als „Mönche" bezeichneten Dämme im Teichsystem ausgetauscht. Die Teiche gehören zu den beliebtesten Fotomotiven in der Lüneburger Heide. **Schon der Heidepastor Wilhelm Bode, Gründer des Naturschutzparks, soll hier oft gesessen haben**, um sich in der freien Natur auf seine Predigten vorzubereiten, und wirkte so auch namensgebend.

Pastorenteiche Wesel

21274 Undeloh

Ein Platz zum Träumen bei Wesel

Ein Moor als Quellgebiet zweier Flüsse

Pietzmoor
Schäferhof
29640
Schneverdingen

Südöstlich von Schneverdingen liegt das Pietzmoor. Vom 16. Jahrhundert an bis in die 1960er Jahre diente es der Gewinnung von Brenntorf. Mitte der 1970er begann man mit der Renaturierung. Heute ist das Pietzmoor ein attraktives 2,5 qkm großes Naherholungsgebiet. **Durch zwei leicht begehbare Wege, meist auf Bohlen, 4,8 und 6,6 km lang, ist das Moor gut erschlossen.** Das Pietzmoor ist das ganze Jahr über reizvoll. Man trifft hier auf alle typischen Moorpflanzen. Eindrucksvoll ist die Wollgrasblüte im Frühjahr. Heimisch sind hier auch Kraniche und die Kreuzotter.

Hier hat man bis in die 1960er Jahre Torf abgebaut

Hier gibt es nie Langeweile!

53

Die Cambridge-Dragoner-Kaserne wurde im Auftrag von König Ernst August von Hannover 1841/42 in massiver und schlichter Architektur erbaut. Lange Zeit militärisch genutzt, wurde das 33.000 qm große Areal 1996 von der Stadt Celle übernommen. **Seither bietet eines der größten Jugend- und Veranstaltungszentren Deutschlands fast alle Bereiche der Kultur an.** Hier treten Rock- und Pop-Größen auf, während kleine Gäste gern das Familientheater besuchen, das sie in eine zauberhafte Welt mit Figuren eintauchen lässt. Auch die Kreismusikschule und das Kino „achteinhalb" sind in der Kaserne ansässig.

CD-Kaserne
Hannoversche Straße 30 b
29221 Celle
Tel.: 05141 977290
https://cd-kaserne.de

Das Kino „achteinhalb" liegt unterm Dach

Eine Spezialität, die nicht jeder kennt

Restaurant Schattauer
Lüneburger Straße 22
29223 Celle
Tel.: 05141 4095088
www.restaurant-schattauer.de/

Kulinarische Spezialitäten sind Botschafter einer Region. Die Lüneburger Heide hat etliche davon: Buchweizentorte, Heidschnuckenfleisch, Heide-Forelle, Heide-Kartoffeln. **Wer aber kennt die Celler Rohe Roulade?** Ein Metzger bot diese erstmals kurz vor dem Zweiten Weltkrieg an. Bald nahm ein Gastronom sie in seine Speisekarte auf. Natürlich abgehangenes Rindfleisch bester Qualität, einen halben Zentimeter dick geschnitten, wird um eine Füllung aus fettem Speck, Zwiebeln, Senf, sauren Gurken, Salz und Pfeffer gerollt und mit Grau- oder Schwarzbrot oder Bratkartoffeln auf einem Holzbrett serviert.

Immer seltener auf der Speisekarte, aber typisch für Celle

Kultur in höchster Qualität

55

1991 von der Stadt Buchholz erbaut, erfreut sich das Veranstaltungszentrum großen Zuspruchs. Im Konzert- und Theaterhaus über drei Ebenen finden 516 Gäste Platz, unbestuhlt bis zu 800. Mehr als 2.000 Abonnenten besuchen es regelmäßig. Immer wieder gastieren hier renommierte Theaterbühnen aus ganz Deutschland, bekannte internationale und nationale Musiker, Entertainer, Comedians, Kabarettisten und Tanzensembles. Das weit gefächerte Programm mit hochkarätigen Künstlern sorgt oft für ausverkaufte Veranstaltungen. Im Erdgeschoss beköstigt das Restaurant „Lim's" die Gäste nicht nur in den Pausen.

Empore Buchholz
Breite Straße 10
21244 Buchholz i. d. Nordheide
Tel.: 04181 287878 (Kartenkasse)
Tel.: 04181 292011 (Restaurant)
www.empore-buchholz.de
www.lims-buchholz.de

Auch Weltstars sind hier schon aufgetreten

Die Heidefläche Tannenrähm liegt bei Suderburg

56

Wo und wann blüht sie denn?

VNP Stiftung Naturschutzpark Lüneburger Heide
Niederhaverbeck 7
29646 Bispingen
Tel.: 05198 982430
www.verein-naturschutzpark.de

Wer noch nie in der Lüneburger Heide war, könnte vermuten, dass die gesamte Region hauptsächlich aus Heideflächen besteht. Doch das ist nicht richtig! Hier findet man nur die größten zusammenhängenden Heideflächen Europas. Es sind also einzelne Flächen unterschiedlicher Größe, die in ihrer Schönheit miteinander in Konkurrenz stehen. Besonders riesige Heideflächen findet man im Naturschutzgebiet Lüneburger Heide um Wilsede herum. Dort kann man schon den Eindruck gewinnen, es handele sich um eine einzige Fläche. Die verschiedenen Heidegebiete tragen alle einen Namen, sind in den Landkarten entsprechend verzeichnet und somit auch leicht zu finden. Besonders schön empfinden Besucher Heideflächen mit größeren Beständen an sattgrünen Wachholdern.

Besonders riesige Heideflächen findet man im Naturschutzgebiet Lüneburger Heide um Wilsede herum.

Nicht nur zur Zeit der Heideblüte ist die Lüneburger Heide einen Besuch wert, ganz im Gegenteil, dann können die vielen Besucher, besonders an Wochenenden, eher abschrecken. Wer es einsamer liebt, der genießt den Herbst mit seiner Blätterfärbung oder die Winterzeit mit Morgennebel und vielleicht sogar Schnee. Die Heideblüte dauert vom 8.8. bis zum 9.9. eines jeden Jahres. Man hat diese markanten Daten natürlich ausgewählt, und die Natur hält sich nicht konkret daran! Je nach Lage der Heidefläche kann diese auch schon Ende Juli blühen oder auch noch im Oktober. Auch blüht die Heide mit unterschiedlicher Intensität. Es kann passieren, dass die Heide anfangs wenig blüht und später zum Ende der eigentlichen Blütezeit noch einmal zu richtiger Hochform aufläuft. Die Heidepflanze, die in

Zu den viel besuchten Zielen gehört auch die Misselhorner Heide

der Lüneburger Heide vorrangig wächst, ist die sogenannte Besenheide. Sie gehört zur Familie der Heidekrautgewächse. Ein anderes, hier selteneres Heidekraut ist die Glocken-Heide.
Doch wie konnte sich das Heidekraut überhaupt so verbreiten? Vor langer Zeit besiedelten erste Bauern die Lüneburger Heide. Sie rodeten den vorhandenen Wald und betrieben Ackerbau. Doch der magere Boden war schnell ausgelaugt, sodass die Bauern bewirtschaftete Flächen wieder der Natur überließen. So eroberte das genügsame Heidekraut diese Flächen zurück. Im Mittelalter kam dann die Heidschnuckenzucht auf. Dieses anspruchslose Tier war ein wichtiger Wolllieferant und auch Düngerproduzent für den Ackerbau. Zudem eigneten sich die weiten baumlosen Heideflächen hervorragend für die Imkerei. Im 19. Jahrhundert verdrängten Merinowolle, Petroleum und Rohrzucker die Heideprodukte. In der Folge verkauften Bauern

ihr Land, und die Flächen wurden aufgeforstet. Doch schon bald wurde Mineraldünger eingeführt, der es den Bauern ermöglichte, Heidekartoffeln und auch Getreide auf den Heideböden anzubauen. So verschwanden immer mehr Heideflächen in ganz Europa, nicht jedoch in der Lüneburger Heide, weil hier der neu gegründete Verein Naturschutzpark Lüneburger Heide e.V. wirkte und für den Erhalt der Heideflächen sorgte.

Heute sind fast alle Heidegebiete gleichzeitig Naturschutzgebiet. Das Betreten der Heideflächen ist also nicht erlaubt, nur die Benutzung der schmalen Sandwege. Und es gibt keine Mülleimer, WCs und Kioske. Auch Hunde müssen angeleint bleiben, damit alle die schöne Natur noch lange genießen können!

Die Heidelandschaft bei Niederhaverbeck

Ein typischer Schafstall bei Wilsede

Heidschnucken sehen nicht wie Schafe aus

Keine Schafe, weil sie „schnucken"

57

Die Heidschnucken gelten als Symboltier der Lüneburger Heide und sind für die Pflege der Heide unerlässlich. Sie stammen vom europäischen Wildschaf ab, sind aber doch ganz anders. Eine Herde besteht aus 300 bis 350 Muttertieren. Dazu kommen bis zu sieben Böcke. Jedes Muttertier bringt ein bis zwei Lämmer zur Welt, die schon nach der ersten Schur das Aussehen der erwachsenen Schnucken annehmen. Dazu gehören Schwarze Beine, ein graues langsträhniges Fell und ein schwarzer Kopf. Mit den Lämmern kann eine Herde bis auf 750 Tiere anwachsen. Die Haltung von Heidschnucken ist aber nicht wirtschaftlich, denn die grobe Wolle kann nur zu Teppichen verarbeitet werden. Delikat ist allerdings das Fleisch. Es hat einen wildartigen Geschmack und wird in vielen Heidegasthöfen angeboten. Warum gibt es trotzdem rund 9.000 Heidschnucken in 13 Herden in der Lüneburger Heide? Der Name „Schnucke" kommt von „Naschen". Tatsächlich pflegen die Heidschnucken die Heide. Sie schnucken bzw. beißen die Sprösslinge und Kräuter ab und verhindern, dass die Heide zuwächst und sich Birken- oder Kiefernwälder auf den Heideflächen ausdehnen können. Ihr Biss sorgt auch für junge Triebe. Gleichzeitig zerstören sie die Spinnweben zwischen den Heidepflanzen. Dadurch können die Bienen leichter den Heidehonig einsammeln. Die Herden nehmen täglich einen anderen Weg durch die Heide, damit ihr Kot nicht für eine Überdüngung sorgt, und verbringen die Nacht in einem der typischen Schafställe. In der Saison bieten verschiedene Natur- und Landschaftsführer Touren an, bei denen man mit Sicherheit auf Heidschnucken trifft.

Tatsächlich pflegen die Heidschnucken die Heide.

Geführte Touren mit Heidschnucken-Begegnungen

www.lueneburger-heide.de/natur

Am Heidschnuckenweg in Wilsede

Wegweiser in den Harburger Bergen am Heidschnuckenweg

Wandern, und das nicht nur flach!

58

Der Heidschnuckenweg ist der bekannteste unter den Fernwanderwegen, die durch die Lüneburger Heide führen. Er ist 223 km lang und verbindet den Hamburger Stadtteil Fischbek mit der ehemaligen Residenzstadt Celle. In gewöhnlich zehn bis 13 Tagen führt der Heidschnuckenweg durch eine faszinierende Naturlandschaft. Wer die Begehung des Weges im Norden beginnt, wird gleich gefordert, denn die erste Etappe von Hamburg-Fischbek aus ist auch der anstrengendste Abschnitt. Die Durchquerung der Harburger Berge mit ihren Anstiegsstrecken und tiefen Taleinschnitten hat es in sich. Hier trainiert immerhin die hiesige Sektion des Deutschen Alpenvereins Bergbesteigungen! Der höchste Punkt des Weges ist der Wilseder Berg mit 169 m, der eine hervorragende Fernsicht bietet. Am Wanderweg, der seit 2012 als Qualitätsweg des Deutschen Wanderverbands ausgezeichnet ist, liegen über 30 Heideflächen, Moore, alte Kulturstätten und idyllische Heidedörfer. Von verschiedenen Bahnhöfen aus wurden zusätzlich Zubringerwege ausgeschildert. Seit 2021 gibt es zudem zwölf unterschiedlich lange Heideschleifen mit einer Streckenlänge zwischen 1,4 und 20,9 Kilometern, die den Hauptweg ergänzen. Natürlich kann man auch nur einzelne Etappen ablaufen. Wer aber den ganzen Weg kennenlernen möchte und Angst vor dem Gepäcktragen hat, kann auch den Service des Gepäcktransports in Anspruch nehmen.

Heidschnuckenweg

www.heidschnuckenweg.de

Der höchste Punkt des Weges ist der Wilseder Berg mit 169 m, der eine hervorragende Fernsicht bietet.

Im Hühnerstall, Kuhstall und Speicher

Hof & Gut Jesteburg
Itzenbütteler
Sod 13–15
21266 Jesteburg-
Itzenbüttel
Tel.: 04181 9199500
www.hof-und-gut.de

Die alte Hofstelle Harmsbur in Itzenbüttel ist eine gelungene Sanierung alter unter Denkmalschutz stehender Gebäude. Kernstück ist das aus dem 16. Jahrhundert stammende alte Zweiständer-Fachwerkhaus, einst Kuhstall, in dem heute das Hofrestaurant „Stub'n" untergebracht ist. Der ehemalige Kornspeicher wird als Wohnscheune mit Zimmern und Ferienwohnung genutzt. **Kinder können im früheren Hühnerstall spielen.** Eine Reitschule bietet Reitunterricht für Kinder von sechs bis zwölf, einen Ponykindergarten und geführte Waldausritte. Biofleisch wird zum Verkauf angeboten, zahlreiche Events locken Besucher.

Das Restaurant befindet sich im ehemaligen Kuhstall

Einkauf beim königlichen Hoflieferanten

60

Bereits 1851 eröffnete Friedrich Huth am Großen Plan sein Geschäft und verkaufte Kaffee im Rohzustand, Kakao, Tee und Gewürze. Innerhalb weniger Jahre wurde er Königlich Hannoverscher Hoflieferant. 1896 übernahm Hermann Bock das Unternehmen. Er veränderte die Außenfassade und baute das Geschäft auch innen um. Insbesondere der vordere Teil des Ladens zeigt noch diesen Urzustand. Seit 1898 wird nur noch gerösteter Kaffee verkauft. **Auch die heutige Besitzerfamilie pflegt das Ambiente eines gediegenen Feinkostgeschäfts.** Noch immer werden die Einkäufe auf alten Zettelblöcken erfasst.

Huths Kaffee & Feinkost

Großer Plan 7
29221 Celle
Tel.: 05141 6008
www.huthskaffee.de

Schon die Schaufenster sind ein Genuss

Typischer Bienenstand im Büsenbachtal

Früher übliche Bienenkörbe

Heide-Honig – ein beliebtes Mitbringsel

61

Die Imkerei war vom Mittelalter bis zur Mitte des 19. Jahrhunderts neben der Haltung von Heidschnucken die wichtigste Einnahmequelle der Heidebauern. Als Petroleum und Rohrzucker den Markt eroberten und Merinowolle die Wolle von den Heidschnucken verdrängte, gab es auch für die bisherige Heidebauernwirtschaft keine Zukunft mehr. Mit der nachfolgenden Verkleinerung der Heideflächen ging auch ein Niedergang der Heide-Imkerei einher. So gibt es heute nur noch wenige Imker, die den klassischen Heide-Honig herstellen. Als Bienenwohnung diente früher ein aus Stroh geflochtener Korb, der zusammen mit anderen in einem Bienenzaun stand. Heute benutzt man fast überall Bienenstände mit sogenannten Magazinbeuten. Diese Bienenkästen sind preiswerter und versprechen höhere Honigernten, denn die Bienenstände können im Gegensatz zum Bienenhaus schnell versetzt werden. Zur Zeit der Heideblüte schwärmen die Bienen dann aus und bereiten aus dem Nektar den berühmten Heide-Honig. Dabei helfen ihnen die Heidschnucken, denn sie zerstören die Spinnenweben der Heideflächen, in denen sich die Bienen sonst verfangen würden. Die Herstellung des Honigs ist aufwändig. Da einfaches Schleudern nicht reicht, benötigt man ein spezielles Verfahren, um den Honig aus den Waben zu lösen. Der Heide-Honig ist bernsteinfarben und hat ein würziges Aroma. Zu kaufen gibt es ihn bei den Imkern direkt, in den meisten Hofläden und auch in anderen Geschäften in der Lüneburger Heide.

So gibt es heute nur noch wenige Imker, die den klassischen Heide-Honig herstellen.

Berufsimkerei Stöckmann

Hauptstraße 71
21376 Gödenstorf
Tel.: 04172 6368
www.meinhonig.de

Heide-Imkerei Dettmering

Am Kabenbusch 2
29640
Schneverdingen
Tel.: 05199 349
www.heide-imker.de

62 Wenn im Wendland der „Bär" los ist!

Kulturelle Landpartie

Drawehner Straße 2
29439 Lüchow
Tel.: 05841 976940
www.kulturelle-landpartie.de

Die „Kulturelle Landpartie" findet jedes Jahr zwischen Christi Himmelfahrt und Pfingsten statt. In über 90 Dörfern öffnen die Anwohner ihre Höfe, Scheunen und Ställe für über 800 Künstler, Kunsthandwerker sowie politische und ökologische Initiativgruppen. Das Angebot umfasst Fotos, Gemälde, Plastiken, Schmuck, Skulpturen und Zeichnungen. Hinzu kommen Arbeiten aus Filz, Glas, Holz, Keramik, Leder und Metall. Vergessene Handwerkstechniken leben hier wieder auf. Unentwegte stellen sich und ihr Leben vor. Über 650 Veranstaltungen mit Auftritten unterschiedlichster Künstler sorgen für Abwechslung.

Für jeden Geschmack etwas

Mit der Kutsche durch die Heide

63

Für viele Besucher der Lüneburger Heide gehört eine Kutschenfahrt einfach dazu. **Seit mehr als 100 Jahren durchfahren die Gespanne die einzigartige Heidelandschaft.** Sowohl im Naturpark Lüneburger Heide wie auch im Naturpark Südheide gibt es etliche feste Abfahrtsstellen, an denen die Kutscher Gäste erwarten. Eine der beliebtesten Standardstrecken ist die zwischen Undeloh und Wilsede. Auch Lüneburg und Celle kann man per Kutsche entdecken. Wer mit einer Kutschenfahrt ein bestimmtes Programm verwirklichen möchte, sollte zu diesem Zweck eine Kutsche anmieten, die auch der Gruppengröße angepasst ist.

Kutschfahrten Heins
Zur Dorfeiche 12
21274 Undeloh
Tel.: 04189 541
www.ferienhof heins.de

Mit der Pferdekutsche durch Celle

Theatererlebnis der besonderen Art

Schlosstheater Celle
Schlossplatz 1
29221 Celle
Ticket-Hotline:
05141 9050875/76
https://schlosstheater-celle.de

Der Aufführungssaal des Schlosstheaters wurde zwischen 1670 und 1675 auf Veranlassung Herzog Georg Wilhelms auf den Grundmauern des alten Burgturms im Barockstil erbaut. In der Folgezeit wurde das Haus oft umgestaltet und 2012 in den Zustand zu Zeiten von Caroline Mathilde zurückversetzt. Anfangs ein reines Hoftheater, hatte die Öffentlichkeit erst ab Ende des 18. Jahrhunderts Zutritt. **Auch wenn die Zuschauer heute noch das alte Ambiente erleben, entspricht die Bühnentechnik modernsten Anforderungen.** Zum Theater gehören noch zwei Studiobühnen. Im Sommer wird der Innenhof zum Freiluftspielort.

Theatererlebnis im Schloss

Von Kneipe zu Kneipe im Wasserviertel

65

Lüneburg buhlt mit Madrid um die höchste Kneipendichte in Europa. **Die wohl bekannteste und beliebteste Kneipenmeile ist der Stintmarkt** – benannt nach dem Stint, einem kleinen heringsartigen Fisch, der im Mittelalter beliebt war. Heute bilden die mittelalterlichen Häuser an der Ilmenau zusammen mit dem Kran eine malerische Fotokulisse. Die vielen Kneipen bieten an warmen Tagen auch Sitzmöglichkeiten im Freien an, direkt am alten Lüneburger Hafen. Dann herrscht hier durchaus südländisches Flair. Auch die älteste Kneipe Lüneburgs, das „Pons", befindet sich in einem der denkmalgeschützten Häuser.

Stintmarkt
21335 Lüneburg

Kneipen am Stintmarkt buhlen um Gäste

Kulturerlebnisse in Lüneburg

Theater Lüneburg
An den Reeperbahnen 3
21335 Lüneburg
Karten-Tel.: 04131 42100
www.theater-lueneburg.de

Als „Lüneburger Bühne" 1946 gegründet, nutzte man anfangs verschiedene Spielstätten. 1961 bezog man ein ehemaliges Kino der britischen Truppen, das zum Stadttheater Lüneburg umgebaut wurde. In den 1970er Jahren kam ein Foyer hinzu, in den 1990ern ein Trakt mit Probesälen, Werkstätten und der Studiobühne T. N. T. (Treffpunkt Neues Theater). 2009 folgte dann noch die Junge Bühne T.3. Das Große Haus bietet Platz für 542 Besucher. **Das Theater ist in den vergangenen Jahren zu einem viel besuchten Dreispartenhaus aufgestiegen.** Dazu gehört auch die Vielseitigkeit der Vorstellungen.

Ein vielseitiges Programm erwartet die Theaterbesucher

Grün und regional einkaufen

67

Der Wochenmarkt in Bad Bevensen vor der Dreikönigskirche lädt zum Bummeln ein. Die regionalen Marktanbieter sorgen für ein vielfältiges Angebot an lokalem Obst, Gemüse, Fleisch, Käse, Fisch, Milch- und Imkereiprodukten und duftenden Backwaren. Hinzu kommen die Floristik, Fruchtaufstriche, mediterrane Köstlichkeiten, Öle und mehr. Mit der Frische der Produkte setzen sie sich von den Supermärkten ab. Hier treffen Einheimische und Fremde aufeinander. Alles verläuft entspannt, und oft haben die Händler auch noch Zeit für einen kleinen Plausch. Wie auch auf den anderen Wochenmärkten der Region.

Wochenmarkt

Kirchplatz
29549 Bad Bevensen
Fr./Sa. 9–13 Uhr

Regionale Produkte dominieren das Angebot

Ein stattliches Gebäude als Standort für das drittgrößte Museum Niedersachsens

Eins der größten Museen Niedersachsens

68

Bomann-Museum Celle

Schlossplatz 7
29221 Celle
Tel.: 05141 124540
(Museumskasse)
www.bomann-museum.de

Das drittgrößte niedersächsische Museum liegt direkt gegenüber vom Celler Schloss am Eingang zur Innenstadt. Es beherbergt eine bedeutende Ausstellung zur regionalen Kulturgeschichte und zur niedersächsischen Volkskunde. Es wurde 1892 zunächst als „Vaterländisches Museum" gegründet und residierte in der Bergstraße. Das heutige Hauptgebäude wurde zwischen 1903 und 1907 nach Plänen des Architekten Alfred Sasse erbaut. 1923 erfolgte die Umbenennung in Bomann-Museum, denn der Textilfabrikant Wilhelm Bomann prägte zwischen 1898 und 1925 als Vorsitzender des Trägervereins maßgeblich den Ausbau des Museums. Der Nationalsozialismus sowie der Zweite Weltkrieg mit seinen Folgen bremsten lange Zeit die weitere Entwicklung. Erst in den 1980er Jahren gab es wieder größere Veränderungen mit Verlegung der Verwaltung und Einrichtung einer eigenen Restaurierungswerkstatt. 1993 wurde ein Anbau fertiggestellt, schließlich zwischen 2011 und 2013 die Dauerausstellungen vollkommen umgestaltet. Kernstück bis heute ist das eingebaute Bauernhaus, das das Leben und Arbeiten in einem niederdeutschen Hallenhaus darstellt. Die umfangreichen Sammlungen zu Celle und Umgebung sind in verschiedene Abteilungen gegliedert. Hinzu kommen immer wieder wechselnde Sonderausstellungen. Neben schönen Innenhöfen, die bei Veranstaltungen genutzt werden können, rundet ein Café das Angebot ab.

Kernstück bis heute ist das eingebaute Bauernhaus, das das Leben und Arbeiten in einem niederdeutschen Hallenhaus darstellt.

Früherer Reichtum der Lüneburger Heide

Deutsches Erdölmuseum Wietze

Schwarzer Weg 7–9
29323 Wietze
Tel.: 05146 92340
www.erdoel-museum.de

Die Gründung des Museums erfolgte 1970 auf dem damaligen Betriebsgelände der Deutschen Erdöl AG im Zuge der Einstellung der Erdölförderung im Wietzer Ölschacht. **Heute umfasst das Museum ein Hauptgebäude und ein großes Freigelände.** Die Ausstellung im Innern widmet sich der Entstehung von Erdöl sowie der Suche, Förderung und Weiterverarbeitung. Auf dem Freigelände befinden sich zahlreiche Bohr- und Fördereinrichtungen, Mess- und Spezialfahrzeuge sowie technische Einrichtungen vom einstigen Ölfeld. Der imposante 54 m hohe Erdölbohrturm gilt heute zugleich als Wahrzeichen von Wietze.

Alte Gerätschaften auf dem Freigelände

Alles zur Versorgung von Berlin

70

Am Rand vom Fliegerhorst Faßberg, einem der größten Flugplätze der Bundeswehr, liegt die „Erinnerungsstätte Luftbrücke Berlin". In drei Nissenhütten und zwei Eisenbahnwaggons wird unter Verwendung von Originaldokumenten und Ausstellungsstücken gezeigt, welche Leistung die US-amerikanischen und britischen Flugzeuge vollbrachten, um von Faßberg aus Westberlin während der Luftbrücke 1948/49 u.a. mit 539.112 Tonnen Kohle zu versorgen. In der Spitze erfolgten bis zu 450 Starts und Landungen pro Tag. Auf dem Freigelände steht ein Flugzeug vom Typ Douglas C47A Dakota, das hier zum Einsatz kam.

Erinnerungsstätte Luftbrücke Berlin

Waldweg
29328 Faßberg
Tel.: 05052 978865
https://luftbrueckenmuseum.de

Eines der legendären Luftbrücken-Flugzeuge

Ein altes Fachwerkhaus aus Oldershausen dient als Eingang

In den Spielewelten findet man auch alte Spielzeugautos

Regionalkultur hautnah erleben!

71

Freilichtmuseum am Kiekeberg

Am Kiekeberg 1
21224 Rosengarten-Ehestorf
Tel.: 040 7901760
www.kiekeberg-museum.de

Das im Süden von Hamburg gelegene Museum wurde mehrfach ausgezeichnet, denn es bietet eine große Bandbreite an Erlebnissen, bei denen es auch Kindern nicht langweilig wird. 1953 gegründet, gliedert es sich in mehrere Bereiche. Beim Eingang liegt das Marschendorf. Dazu gehören u.a. das Wagnersche Haus als Eingangsgebäude, das ursprünglich in Oldershausen stand, und das Pfarrwitwenhaus aus Marschacht mit dem gemütlichen „Stoof Mudders Kroog", in dem regionale Spezialitäten angeboten werden. Im Norden schließt sich daran das Heidedorf mit vielen typischen Häusern aus der Nordheide an. Am Weg zum Ausstellungsgebäude liegen dagegen einst landwirtschaftlich genutzte Häuser. Im Ausstellungsgebäude selbst befindet sich die Dauerausstellung „Spielwelten", die die Entwicklung der Spielzeugkultur nach dem Zweiten Weltkrieg zeigt. Das angeschlossene „Agrarium" vermittelt auf drei Etagen Wissenswertes zur Landwirtschaft, Landtechnik und Ernährungswissenschaft. Der Bereich Königsberger Straße führt zurück in die 1950er Jahre und umfasst u.a. eine Nissenhütte, ein typisches Siedlungshaus, eines der ersten Fertighäuser, eine alte Tankstelle und mehr. Im Museum findet man ferner alte Nutztierrassen, Versorgungs- und Ziergärten mit alten Sorten sowie einen Wassererlebnispfad. An den Aktions- und Markttagen werden alte Handwerkstechniken hier wieder lebendig. Im Café „Koffeetied" wird der Kaffee noch auf einer historischen Maschine geröstet. Heiraten ist schließlich in der alten Dorfschmiede aus Pattensen möglich.

An den Aktions- und Markttagen werden alte Handwerkstechniken hier wieder lebendig.

Auf dem Außengelände befand sich das ehemalige Lager

Wo das schlechte Gewissen zu Hause ist

72

Gedenkstätte Bergen-Belsen

Anne-Frank-Platz
29303 Lohheide
Tel.: 05051 47590
https://bergen-belsen.stiftung-ng.de

Einige Kilometer außerhalb der zur Stadt Bergen gehörenden Ortschaft Belsen liegt die Gedenkstätte Bergen-Belsen. Hier befand sich im Zweiten Weltkrieg ein Kriegsgefangenen- und später Konzentrationslager. Es entstand aus Baracken, die bis 1939 von Arbeitern bewohnt worden waren, die den nahen Truppenübungsplatz aufgebaut hatten. Danach brachte man hier zunächst Kriegsgefangene unter, von denen Tausende verstarben. 1943 übernahm die SS einen Großteil des Lagers und nutzte es als Konzentrationslager. Bis zur Befreiung durch britische Truppen kamen hier mindestens 52.000 Menschen ums Leben. Zu den bekanntesten Häftlingen gehörten u.a. Anne Frank und deren Schwester Margot, der frühere braunschweigische Ministerpräsident Heinrich Jasper oder der ehemalige Reichstagsabgeordnete Julius Adler. Die Häftlinge kamen seinerzeit mit dem Zug in Belsen an und hatten dann noch einen Fußmarsch von etwa fünf Kilometern zum Lager vor sich. 1952 errichtete man hier ein zentrales Denkmal, 1966 kamen Ausstellungen hinzu. Das heutige Dokumentationszentrum mit einer Ausstellungsfläche von 1.500 qm wurde 2007 eröffnet. Das ehemalige Lagergelände – heute ein Friedhof mit Fundamentresten, Gräbern und Mahnmalen – kann man anhand eines Informationssystems mit Erläuterungen auf verschiedenen Wegen gut selbst erkunden.

Bis zur Befreiung durch britische Truppen kamen hier mindestens 52.000 Menschen ums Leben.

Das Dokumentationszentrum ist ganzjährig geöffnet, außer in den niedersächsischen Weihnachtsferien. Das Außengelände ist ganzjährig frei zugänglich.

Die Gedenkstätte an einem Wintertag

Ein tragisches Unglück

73

Gedenkstätte Eschede

Heeseloh
29348 Eschede

Nur einmal stand Eschede in der Südheide im Mittelpunkt der Schlagzeilen, nämlich am 3. Juni 1998. Damals entgleiste südlich vom Bahnhof ein ICE, brachte die Brücke der Kreisstraße 20 zum Einsturz und verursachte den Tod von 101 Menschen. Das schwerste Eisenbahnunglück Deutschlands begann etwa 6 km südlich der Brücke, als ein Reifen an einem Rad des ersten Wagens durch Materialermüdung brach. Etwa 200 m vor der Straßenbrücke passierte der ICE zwei Weichen. Ein Großteil der Wagen entgleiste dort, einer wurde gegen die Brückenpfeiler geschleudert, was zum Einsturz der Brücke führte. Gleichzeitig wurde der Zug auseinandergerissen.

An dieses schreckliche Unglück erinnert heute eine Gedenkstätte am Fuß der wiederaufgebauten Brücke.

Die vorderen drei Wagen kamen durch Druckluftverlust und damit automatischem Bremsen nach wenigen hundert Metern zum Stehen, der vierte Wagen stürzte seitlich eine Böschung hinunter. Mit der Zugtrennung wurde auch der Stromabnehmer vom vorderen Triebkopf vom Netz genommen, sodass dieser ebenfalls zum Halten kam. Alle anderen Wagen wurden abrupt abgebremst und schwer beschädigt. Hier sitzende Reisende waren sofort tot. An dieses schreckliche Unglück erinnert heute eine Gedenkstätte am Fuß der wiederaufgebauten Brücke. Sie ist über einen Treppenabgang erreichbar. Dort pflanzte man für jeden Toten einen Kirschbaum. Die dazwischenstehende Gedenktafel mit den Namen aller Opfer wurde 2013 durch eine neue Wand aus bayerischem Granit ersetzt, da die ursprüngliche von der Witterung stark gekennzeichnet war und auch das Fundament gelitten hatte.

Besucher vor der St.-Remigius-Kirche in Suderburg

Auf Kirchentour gehen

74

Die Lüneburger Heide ist reich an Baudenkmälern und Zeitzeugnissen. Dazu gehören mit Sicherheit auch die zahlreichen gut erhaltenen Kirchen in den ländlichen Ortschaften. Die vielfältigen Angebote des öffentlichen Nahverkehrs und gut ausgebauten Radwege machen es möglich, auch auf Kirchentour zu gehen. Alle diese Kirchen sind kleine „Schätze". Die eine oder andere hervorzuheben, wie hier im Buch notwendig, ist eigentlich eine Unmöglichkeit. Ob Backsteinkirche in traditioneller norddeutscher Bauweise, Feldsteinkirche mit Fachwerkbalken oder Holzkirche, alle sind sie einen Besuch wert! So kann diese kleine Auswahl nur beispielhaft stehen – mehr nicht!

St.-Peter-Paul-Kirche Hermannsburg: Eine erste Kirche wurde an dieser Stelle bereits im 9. oder 10. Jahrhundert erbaut und diente als Dorfkirche. Der heutige Kirchenbau mit seinem gotischen Gewölbe entstand größtenteils unter Verwendung alter Reste des Vorgängerbaus aus dem 14. Jahrhundert in der Zeit von 1956 bis 1959. Der Dachstuhl und die Apsis stammen jedoch noch vom Vorgängerbau. Markant sind die sechsfach gegliederten Seitenschiffe und der als Dachreiter ausgebildete Kirchturm. Die älteste Glocke stammt von 1495. Aus dem 18. Jahrhundert stammen auch ein hölzernes Taufbecken und ein aus Holz gefertigter farbiger Kronleuchter. Ein altes Kruzifix aus dem 10. Jahrhundert, das man hier fand, ist in einer Vitrine ausgestellt.

Eine-Welt-Kirche Schneverdingen: Dieser ganz besondere Kirchenbau wurde im Rahmen der Weltausstellung „Expo 2000" in Hannover über einen alten Spazier- und Schulweg gebaut. Als Teil des Projektes „Welt-Forum-Wald" besteht die Kirche

St.-Peter-Paul-Kirche

Billingstraße 17–18
29320 Hermannsburg
Tel.: 05052 431
www.peter-paul-hermannsburg.de

Eine-Welt-Kirche

Ernst-Dax-Straße 8
29640 Schneverdingen
Tel.: 05193 800828
www.markusgemeinde-schneverdingen.de

St.-Remigius-Kirche

An der Kirche 3
29556 Suderburg
Tel.: 05826 8223
(Gemeindebüro)
https://st-remigius-suderburg.wir-e.de

Blick zum Chor der St.-Peter-Paul-Kirche in Hermannsburg

aus dem einheimischen nachwachsenden Rohstoff Holz, der eine günstigere Energiebilanz als andere Rohstoffe aufweist. Das tragende Balkenwerk besteht aus Fichtenholz mit Stahlverspannungen, während die Wände und das Dach innen mit Kiefernholz und außen mit Eichenholz versehen wurden. Auch die gewählte Brettstapelbauweise ist in Norddeutschland einmalig. Der Eine-Welt-Altar im Inneren ist ebenfalls eine Besonderheit. Erdproben aus allen Teilen der Welt in buchähnlichen Behältern füllen den dreiflügeligen Altar. Bis zu 7.000 Erdbücher haben hier Platz!

St.-Remigius-Kirche Suderburg: Die kleine Kirche ist von alten Linden umgeben und liegt am Rand von Suderburg. Der erste Bau an dieser Stelle war vermutlich eine Holzkirche, die dann durch eine aus einfachen Steinen erbaute Kirche ersetzt wurde. Diese war jedoch Mitte des 18. Jahrhunderts baufällig.

Die danach errichtete heutige Fachwerkkirche ist ein kreuzförmiger Saalbau und stammt von 1752/53. Interessant ist aber vor allen Dingen der viel ältere Glockenturm. Dieser Rundturm aus Feldsteinen wurde nämlich bereits um 1000 nach Christus erbaut und war Teil einer Burg, damit also ein Wehrturm. Im Turm befinden sich zwei Glocken von 1607 und 1951. Der barocke Kanzelaltar im Inneren geht auf die Erbauungszeit der jetzigen Kirche zurück. Eine zum Opferstock umgebaute Kastentruhe ist dagegen erheblich älter und stammt aus der Zeit um 1300.

Alle diese Kirchen sind kleine „Schätze".

Ein Projekt der Expo 2000 ist die Eine-Welt-Kirche in Schneeverdingen

Das Frauenkloster Wienhausen liegt unweit von Celle

Auf Jakobswegen von Kloster zu Kloster

75

Die Lüneburger Heide ist nicht nur reich an Kirchenbauten, sondern auch an Klöstern. Alle Klöster sind sehr individuell und einen Besuch wert. Im Mittelalter waren sie zudem bedeutende Zwischenstationen an den Jakobswegen, die noch heute ganz Europa durchziehen. Diese Pilger-Wanderwege führen von den verschiedensten Ländern Europas nach Santiago de Compostela. In der Lüneburger Heide verbindet der Jakobsweg Via Scandinavia (Fehmarn–Eisenach) die Klöster Lüne, Medingen, Ebstorf und Wienhausen und der Jakobsweg Lüneburger Heide (Hamburg–Kloster Mariensee) berührt auf seinen Wegvarianten entweder das Kloster Walsrode oder das Kloster Wienhausen. Gekennzeichnet sind die Wege mit dem Muschel-Symbol.

Das etwa 2 km nordöstlich vom Zentrum gelegene Kloster Lüne wurde 1172 gegründet, nach zwei verheerenden Bränden 1372 neu aufgebaut und zu einer mittelalterlichen Klosteranlage erweitert. Seit 1711 ein Damenstift, wird es von einer Äbtissin geleitet. Stationen der Führung (Di.–So. zu festen Zeiten) sind die Kirche, das Refektorium, der Sommer-Remter, der Sarggang, der Kapitelsaal sowie der vierflügelige Kreuzgang. Im Teppichmuseum (Apr. Okt.) befindet sich jedoch der eigentliche Schatz, nämlich Weißstickereien (Altar- und Fastentücher) aus früherer Zeit sowie Bildteppiche und Banklaken aus der Zeit um 1500. Eine Entdeckung wert ist aber auch die Gartenlandschaft des Klosters. Zur Stärkung lädt ein Café ein.

Die heutige Klosteranlage Medingen wurde 1778 als „Adeliges evangelisches Frauenstift" eingeweiht und ersetzte eine zuvor durch Brand zerstörte Anlage. Von dieser ist nur noch das Brauhaus erhalten. Der jetzige frühklassizistische Bau mit der Kloster-

Kloster Lüne

Am Domänenhof
21337 Lüneburg
Tel.: 04131 52318
www.kloster-luene.de

Kloster Medingen

Klosterweg 1
29549 Bad Bevensen
Tel.: 05821 2286
www.kloster-medingen.de

Kloster Ebstorf

Kirchplatz 10
29574 Ebstorf
Tel.: 05822 2304
www.kloster-ebstorf.de

Kloster Wienhausen

An der Kirche 1
29342 Wienhausen
Tel.: 05149 18660
https://kloster-wienhausen.de

Kloster Walsrode

Kirchplatz 2
29664 Walsrode
Tel.: 05161 4858380
www.kloster-walsrode.de

Das Kloster Ebstorf ist bekannt für seine Weltkarte von 1239

kirche St. Mauritius in der Mitte, deren spätbarocker Turm 40 m Höhe erreicht, ist ein architektonisches Glanzlicht. Die Kirche oder auch der Saal vom Brauhaus werden auch für Konzerte genutzt (Führungen Mai–Mitte Okt.).

Das Kloster Ebstorf aus dem 12. Jahrhundert ist seit seiner Gründung ein Damenkonvent. Berühmt ist es durch die Ebstorfer Weltkarte von 1239, ein 13 qm großes Weltbild auf Pergament, von dem heute nur eine Kopie existiert. Die jetzige Kirche und das Konventgebäude in norddeutscher Backsteingotik stammen aus dem 14. Jahrhundert. Der Glockenturm ist 200 Jahre jünger (Führungen Apr.–Okt.).

Das um 1230 gegründete Kloster Wienhausen wurde im 16. Jahrhundert in ein Frauenkloster umgewandelt und wirkt durch den Westflügel und den Nonnenchor, beide mit Staffelgiebeln, imposant (Führungen Apr.–Mitte Okt., Textilmuseum ab

75

Mitte Mai geöffnet). Im Kloster finden auch Ausstellungen und Kulturveranstaltungen statt. Bekannt ist das Kloster insbesondere durch seine gotischen Bildteppiche aus dem 14. und 15. Jahrhundert.

Im Mittelalter waren sie zudem bedeutende Zwischenstationen an den Jakobswegen, die noch heute ganz Europa durchziehen.

Im Jahr 986 gegründet, ist das Damenstift Kloster Walsrode das älteste der Heideklöster. Klosterarchitektur, alte Kunstschätze und Stille vereinen sich hier harmonisch miteinander (Führungen Apr.–Okt., Klostergelände tagsüber frei zugänglich). Im Kloster finden auch Konzerte und andere Kulturveranstaltungen statt.

Die markante Kirche vom Kloster Medingen

Der große Rischmannshof mit Ziehbrunnen

Mehr als eine Gruppe alter Bauernhäuser

76

Am Rand des Stadtwalds Eckernworth liegt eines der ältesten Freilichtmuseen Deutschlands. 1911/12 wurde hier der Grundstein für das Heidemuseum gelegt. Damals versetzte man das Zweiständer-Rauchhaus von 1798, den Treppenspeicher von 1669 und das Häuslingshaus aus dem 18. Jahrhundert nach hier. Später kamen der Bienenzaun, der Ziehbrunnen, die Fachwerk-Wagenscheune von 1844, die Wagenremise von 1869 mit historischer Sattlerei und das Backhaus aus dem Jahr 1752 hinzu. Als Außenstellen bestehen zudem ein alter Schafstall in der Krelinger Heide und ein Schulmuseum in Klein Eilstorf. Der Rischmannshof, größtes Gebäude der Ausstellung und ein typischer niederdeutscher Fachwerkhallenbau, dient als Museumseingang. Das Erdgeschoss ist typisch aufgeteilt in Dönzen, also Wohnstuben, Flett mit Feuerstelle sowie Diele mit Stallungen, die heute als Veranstaltungsraum genutzt wird. Im Dachgeschoss befinden sich eine Ausstellung über Hans Brüggemann, der den berühmten Bordesholmer Altar schuf, eine stadtgeschichtliche Ausstellung zu Walsrode und das Hermann-Löns-Zimmer mit Möbeln und Gebrauchsgegenständen des Dichters und Schriftstellers. Das Haupthaus steht auch für Trauungen zur Verfügung. Im Häuslingshaus wird zur Stadt- und Regionalgeschichte geforscht, in der Fachwerkscheune befinden sich eine alte Schmiede und eine Schuhmacherwerkstatt. Ein Bienenmuseum im Treppenspeicher wird in Zusammenarbeit mit dem Walsroder Imkerverein betrieben.

Der Rischmannshof, größtes Gebäude der Ausstellung und ein typischer niederdeutscher Fachwerkhallenbau, dient als Museumseingang.

Heidemuseum Rischmannshof Walsrode

Hermann-Löns-Straße 8
29664 Walsrode
Tel.: 05161 4810887
https://heidemuseum-walsrode.de

Ein großer Findling markiert das Grab von Hermann Löns

Ruhestätte des Heimatdichters

77

Hermann-Löns-Grab
Tietlinger
Wachholderhain
29664 Walsrode

Der 1866 in Westpreußen geborene Hermann Löns wuchs in Westfalen auf, studierte in verschiedenen Städten und wurde Journalist beim „Hannoverschen Anzeiger". In die Lüneburger Heide kam er erstmals 1893 und verliebte sich in die Region. Er war leidenschaftlicher Wanderer und Jäger und gehörte zu den Mitbegründern des Naturschutzgebietes Lüneburger Heide. Seine Natur- und Heimatgeschichten waren Bestseller und machten die Heide berühmt. Er meldete sich als Kriegsfreiwilliger und fiel am 26.9.1914 in Frankreich. Zunächst notdürftig verscharrt, wurde sein Leichnam 1919 in Luxembourg beigesetzt, später in einem Massengrab bei Loivre. Auf den dortigen Schlachtfeldern fand man 1934 Gebeine und eine Erkennungsmarke, die ihm zugeordnet wurden. Die geplante Überführung und Beisetzung an den Sieben Steinhäusern scheiterte, sodass der Leichnam zwischengelagert wurde. Mit dem Tietlinger Wachholderhain schien dann ein geeigneter Ort gefunden, gleichzeitig kamen Zweifel an der Echtheit der Gebeine auf. Unter größter Geheimhaltung erfolgte dennoch die Bestattung im Naturschutzgebiet bei Barrl. Seine Witwe schaltete darauf den Reichskriegsminister ein, der eine Überprüfung veranlasste und für die endgültige Beisetzung am 2.8.1935 im Tietlinger Wachholderhain sorgte, wo das Grab direkt am Freudenthalweg liegt. Das unter Naturschutz stehende Gelände stiftete sein Verehrer Wilhelm Asche. Unweit vom Findlingsstein, unter dem sich das vermutliche Grab befindet, steht ein Denkmal für Hermann Löns.

Seine Natur- und Heimatgeschichten waren Bestseller und machten die Heide berühmt.

Blick über die Ise zum weitläufigen Museumsgelände

Das Internationale Mühlenmuseum

78

Das weithin bekannte Museum wurde von Horst Wrobel gegründet, 1980 eröffnet und liegt im Norden der Stadt Gifhorn. Im Zuge der naturnahen Gestaltung des Geländes entstand seinerzeit auch der Mühlensee als Rückhaltebecken für den Hochwasserschutz. Neben der Ausstellungshalle gab es anfangs nur drei Mühlen. Heute liegen auf dem 15 ha großen Freigelände zahlreiche originale oder originalgetreu errichtete Mühlen aus vielen Ländern der Welt. Kernstück ist die 800 qm große Ausstellungshalle mit Utensilien aus dem Mühlen- und Müllereiwesen. Außerdem werden hier 49 Miniaturmodelle aus 20 Ländern gezeigt, die den Originalen nachempfunden wurden. Um den Dorfplatz gruppieren sich zudem drei alte Fachwerkbauten, die als Rundlingsdorf platziert sind. Dort kann man auch einkehren.

Auf dem Museumsgelände liegt eine nachgebaute russisch-orthodoxe Holzkirche mit zum Teil vergoldeten Kuppeln. Sie gehört jedoch nicht zum Mühlenmuseum! Wie auch der Glockenpalast und die Europäische Freiheitsglocke. Mit seinen typischen goldenen Kuppeln erinnert der Palast an ein altrussisches Kloster. Die Glocke ist dagegen ein Denkmal zur Überwindung der Teilung Deutschlands. Das Mühlenmuseum selbst wurde Anfang 2022 von der Stadt Gifhorn gekauft und saniert. Mit der Wiedereröffnung im Frühjahr 2023 ist es auch durch eine Brücke über die Ise zusätzlich auf seiner Südseite direkt mit der Innenstadt verbunden und bietet einen öffentlichen Bereich um den Dorfplatz.

Heute liegen auf dem 15 ha großen Freigelände zahlreiche originale oder originalgetreu errichtete Mühlen aus vielen Ländern der Welt.

Internationales Mühlenmuseum Gifhorn

Bromer Straße 2
38518 Gifhorn
Tel.: 05371 55466 (Museum)
Tel.: 5371 9359540 (Büro)
www.muehlenmuseum.de

Einst wirkte Sebastian Bach im Chor der St. Michaeliskirche mit

Welcher ist der schönste Kirchturm?

79

Der Himmel von Lüneburg wird von drei Türmen bedeutender Kirchenbauten bestimmt: St. Johannis, St. Nicolai und St. Michaelis. Sie sind bedeutende Bauwerke der Backsteingotik an der gleichnamigen europäischen Route und können tagsüber zu bestimmten Zeiten besichtigt werden. Zwei Aussichtspunkte bieten sich an, wenn Sie ein schönes Panorama von der Innenstadt Lüneburgs mit diesen drei Kirchen genießen möchten. Entweder Sie besteigen den Wasserturm im Süden oder den Kalkberg im Westen.

Die St. Johanniskirche liegt am Platz „Am Sande" und ist eine der ältesten Taufkirchen Niedersachsens. Die ursprünglich dreischiffige Kirche aus der Zeit von 1298 bis 1308 wurde bis 1370 zu einer fünfschiffigen Kirche ausgebaut. Nach einem Brand im Jahr 1406 wurde sie renoviert und erweitert. Ihr 108 m hoher Turm, der sich aufgrund des weichen Untergrunds zur Seite neigt, ist eines der Wahrzeichen Lüneburgs. Der Architekt stürzte sich deswegen vom Turm in die Tiefe. Aus dem Inneren sind u. a. der Altar im Chor und die Orgel erwähnenswert. Auf dieser spielte einst Georg Böhm, dessen bekanntester Schüler kein Geringerer als Johann Sebastian Bach war. Werktags bläst ein Turmbläser einen Choral über die Dächer Lüneburgs. Zudem werden etliche Konzerte angeboten. Auch Turmbesteigungen sind möglich.

Die jüngste und kleinste unter den gotischen Kirchen Lüneburgs, die St. Nicolaikirche, wurde von 1407 bis 1440 erbaut und war das Gotteshaus der Schiffer. Die dreischiffige Backsteinbasilika steht auf engstem Raum. So

St. Johanniskirche
Bei der
St. Johanniskirche 2
21335 Lüneburg
Tel.: 04131 44542
www.st-johannis
kirche.de

St. Nicolai
Lüner Straße 15
21335 Lüneburg
Tel.: 04131 2430770
https://st-nicolai.
wir-e.de

St. Michaeliskirche
Johann-Sebastian-
Bach-Platz
21335 Lüneburg
Tel.: 04131 2873310
www.sankt-micha
elis.de

Ihr 108 m hoher Turm, der sich aufgrund des weichen Untergrunds zur Seite neigt, ist eines der Wahrzeichen Lüneburgs.

Der Kalkberg ist ein guter Aussichtspunkt für die Lüneburger Kirchen

musste man in die Höhe ausweichen. Das Mittelschiff ist 29 m hoch, die vier Seitenschiffe 15 m. Der heutige dritte Kirchturm wurde 1895 erbaut und ist 98 m hoch. Er kann bestiegen werden. Einmalig sind im Kircheninneren das Sterngewölbe über dem Mittelschiff und der Passionsaltar aus dem Jahr 1440. Sehenswert ist auch die Ausstellung mittelalterlicher liturgischer Textilien im nördlichen Seitenschiff. Führungen und Turmbesteigungen sind nach Vereinbarung möglich. Die Kirche wird auch für Konzerte genutzt.

Als eine der drei Hauptkirchen Lüneburgs geht die St. Michaeliskirche auf ein erstmals 956 erwähntes Kloster zurück, das sich aber zunächst mit einer Burg auf dem Kalkberg befand. Nach der Zerstörung der Burg wurde auch das Kloster verlegt. So steht die Kirche heute auf den Grundmauern des früheren Klosters und leidet unter Senkungsschäden. Außen auf der Chorseite fällt heute der Blick in den Kapitelsaal, der 1978 ausgegraben wurde. Im Inneren ist die Kirche relativ schlicht gehalten. Erwähnenswert ist jedoch die Kanzel von 1602. Markant ist die grüne Haube des Kirchturms. Berühmtester Sänger der früheren Klosterschule war Johann Sebastian Bach, der 1701/02 im Kirchenchor mitwirkte. Heute finden im Kirchenraum noch regelmäßig Orgelkonzerte statt.

Die St. Johanniskirche im Abendlicht

80

Lichtkunst und mehr in Celle

Kunstmuseum Celle
Schlossplatz 7
29221 Celle
Tel.: 05141 124521
https://kunst.celle.de

Das Museum gegenüber vom Residenzschloss zeigt über drei Etagen moderne und zeitgenössische Kunst aus der Sammlung von Robert Simon sowie wechselnde Sonderausstellungen. Zu den Besonderheiten zählt der von Otto Piene gestaltete Lichtraum. Das Museum bezeichnet sich jedoch als 24-Stunden-Kunstmuseum, denn mit Anbruch der Dunkelheit locken von außen die Installationen internationaler Lichtkünstler. **Jeweils zur vollen Stunde wechselt für einige Minuten die Beleuchtung des Hauses und taucht die Umgebung in Gold, Orange, Rot, Tiefblau oder Violett.** Ein weiteres Lichtkunstwerk in Celle ist der Bahnhof.

Das Kunstmuseum bei Nacht

Das Erbe eines umstrittenen Künstlers

81

Im Süden von Jesteburg kaufte das Ehepaar Johann und Jutta Bossard 1911 ein etwa 3 ha großes Grundstück. **Auf diesem entstand bis 1950 ein einzigartiges Gesamtkunstwerk.** Es umfasst Architektur, Bildhauerei, Malerei, Kunstgewerbe und Gartenkunst. Dazu gehören das Wohn- und Atelierhaus im Heimatschutzstil, der in Backsteinexpressionismus errichtete Kunsttempel und die Gartenanlage mit Skulpturen. Umstritten ist bis heute das Gedankengut von Johann Bossard, welches auch die Kunstwerke beeinflusste und teilweise dem der Nationalsozialisten nahekommt. Die Kunststätte bietet Führungen, ein Hofcafé und mehr an.

Kunststätte Bossard

Bossardweg 95
21266 Jesteburg
Tel.: 04183 5112
www.bossard.de

Der kirchenartig wirkende Kunsttempel

Das Haus am Landtagsplatz mit schönem Reetdach

Der Findling erinnert an die alte Tagungsstätte

Museumsdorf und einstige Tagungsstätte

82

Das Museumsdorf, von ausgedehnten Wäldern umgeben, geht auf 1975 zurück, umfasst ein Freigelände von 10 ha und vermittelt in lebendiger und anschaulicher Form die Kulturgeschichte der Lüneburger Heide. Hier wurden 26 Gebäude aus der Lüneburger Heide wieder aufgebaut und können besichtigt werden. Sie stammen aus dem 16. bis 19. Jahrhundert und sind als Haufendorf und einem Einzelhof zusammengefasst. Prunkstück ist das Bauernhaus vom Brümmerhof, ein Vierständerhaus von 1644. Die Gebäude sind eingerichtet und zeigen innen das Leben und Arbeiten in früherer Zeit. Dazu gehören die Imkerei, die Schafhaltung, das Weben und das Schmieden. Zu sehen sind auch eine Stellmacherei und eine Sägerei. Hausgärten, Schweine im Stall und Schnucken auf einer Heidefläche runden das ländliche Bild ab. Wechselnde Ausstellungen zur Kulturgeschichte findet man in einer Halle. Einzigartig ist auch die Ausstellung „Steinreiche Heide", die sich mit der Verarbeitung von Findlingen beschäftigt. Zudem werden Führungen angeboten, die alten Handwerkstechniken vorgeführt und alte Kinderspiele ausprobiert. Auch Heiraten kann man im Museum. Der hier beginnende Waldgeschichtspfad Schooten zeigt an zehn Stationen den Wandel von Ackerbau und Forstwirtschaft in der Lüneburger Heide. Nahebei liegt der Landtagsplatz, der von 1532 bis 1652 Versammlungsort des Landtags vom Fürstentum Lüneburg war. In den 1930er Jahren wurde er mit Findlingen aus den Orten des Kreises Uelzen in seiner jetzigen Form gestaltet.

Die Gebäude sind eingerichtet und zeigen innen das Leben und Arbeiten in früherer Zeit.

Museumsdorf Hösseringen und Landtagsplatz

Landtagsplatz 2
29556 Suderburg
Tel.: 05826 1774
https://museumsdorf-hoesseringen.de

Stadt- und Eisenbahngeschichte

Museumsdorf Seppensen
Zum Mühlenteich 3
21244 Buchholz
Tel.: 04181 31734
www.gmv-buchholz.de

Das in Seppensen gelegene kleine Museum wurde vom Geschichts- und Museumsverein Buchholz 1980 gegründet. Damals eröffnete man in der Dorfschule, die immer hier stand, ein kleines Heimatmuseum. In diesem Backsteinbau von 1880 wurde noch bis 1973 unterrichtet. **Heute befindet sich hier eine Ausstellung zur Stadt- und Eisenbahngeschichte.** Später hinzukommende Fachwerkhäuser sind das „Sniers Hus" aus Regesbostel, ein Backhaus aus Kampen, eine Durchfahrtsscheune aus Otter und die historische Schmiede aus Lüdingen. Ein Bienenstand wurde 2012 errichtet. Im „Sniers Hus" von 1695/96 kann man auch heiraten.

Das „Sniers Hus" stand ursprünglich in Regesbostel

Nicht nur Kinderaugen leuchten hier

84

Die Ausstellung geht auf die private Sammlung der Familie Ernst zurück. Diese präsentierte ihre Spielzeugsammlung zunächst in drei Privaträumen. 1984 wurde dann das Puppen- und Spielzeugmuseum am Rathaus gegründet. Es zog 1988 in das denkmalgeschützte Ebelmeyerhaus um. Gezeigt werden Exponate aus fünf Jahrhunderten mit Schwerpunkt zwischen 1750 und 1900. Neben Puppen samt Zubehör zeigt man Spielzeug aller Art. Die Besucher haben zahlreiche Möglichkeiten zum Spielen. Glanzstück ist ein drei Meter breites und zwei Meter hohes Puppenhaus mit 15 Räumen und mehr als 1.000 Einzelteilen.

Spielmuseum (vormals Spielzeugmuseum)
Soltau
Poststraße 7 + 15
29614 Soltau
Tel.: 05191 82182
www.spielmuseum-soltau.de

Hier geht es nicht rein!

Die St.-Marien-Kirche beherbergt eines der Uelzener Wahrzeichen: das Goldene Schiff

85

Eine Kirche mit goldenem Schiff

St.-Marien-Kirche

Pastorenstraße 2–4
29525 Uelzen
Tel.: 0581 5115
https://st-marien-uelzen.wir-e.de/

Die gotische dreischiffige Hallenkirche mit ihrem 86 m hohen Turm beherrscht schon aus der Ferne das Stadtbild von Uelzen. Sie ist ein beeindruckend großer Backsteinbau, der in drei Phasen zwischen dem 13. und 14. Jahrhundert erbaut wurde. Später kamen noch Erweiterungen hinzu, nämlich 1357 die Apostelkapelle, 1385 der Hohe Chor mit Krypta, um 1400 der Kirchturm und um 1530 die Dreikönigskapelle. Die barocke Turmhaube wurde 1945 zerstört und 1954 in modernerer Form neu errichtet. Geweiht und zur Pfarrkirche erhoben wurde sie 1292. In einer Nische des Kirchturms beim Eingang befindet sich das Wahrzeichen der Hansestadt Uelzen: das Goldene Schiff. Seit dem 15. Jahrhundert war es im Kirchenbesitz. Es hing seit dem 17. Jahrhundert im Chorraum, dann in der Apostelkapelle. Herkunft und Alter sind bis heute ungeklärt. Es könnte sich um ein ehemaliges Reliquiar oder auch um einen Tafelaufsatz handeln. Als Herkunft vermutet man die Niederlande oder England. Weitere sakrale Kostbarkeiten sind u. a. die Kanzel und der Hauptaltar, der Annenaltar, der Marienleuchter und die große Orgel, deren Prospekt auf 1756 zurückgeht. Erwähnenswert sind auch die Malereien im Chorgewölbe und die farbigen Glasfenster. Der Turm kann an bestimmten Tagen bestiegen werden. Konzerte, insbesondere Orgelkonzerte und andere Kulturveranstaltungen, finden ebenfalls in der Kirche statt. Draußen steht im Bereich des Chors das Uhlenköper-Denkmal von 1967, das an die Sage und den Spitznamen der Uelzener erinnert.

In einer Nische des Kirchturms beim Eingang befindet sich das Wahrzeichen der Hansestadt Uelzen: das Goldene Schiff.

In der Stadtkirche befindet sich auch die Fürstengruft der Welfen

Der Turmbläser und sein Arbeitsplatz

86

Der Kirchturm der Stadtkirche St. Marien überragt die Altstadt von Celle und ist schon von weither zu sehen. Der Baubeginn der Kirche Ende des 13. Jahrhunderts fällt mit der Stadtgründung zusammen. Sie wurde 1308 vom Bischof von Hildesheim der Jungfrau Maria geweiht. Die Stilelemente der ursprünglich gotischen Hallenkirche sind heute nur noch teilweise vorhanden. Die Kirche erlebte im Laufe ihrer Geschichte etliche bauliche Veränderungen. Ihre barocke Innenausstattung ist äußerst sehenswert und für eine evangelische Kirche prachtvoll. Dazu gehören beispielsweise eine Kreuzigungsgruppe über dem Chor, der Altar, die Taufkapelle oder die zahlreichen Gemälde. Unter dem Chor befindet sich die Fürstengruft der Welfen. Dort sind u.a. die verbannte Prinzessin Sophie Dorothea und die verstoßene dänische Königin Caroline Mathilde beigesetzt. Auffällig ist auch der reichgeschnitzte Orgelprospekt von 1653. Die Orgelfassade wurde von 1997 bis 1999 restauriert, stammt aber noch aus der Ursprungszeit, während das heutige Pfeifenwerk rekonstruiert wurde. Einen ersten Turm erhielt die Kirche erst 1516. Der heutige 74 m hohe Turm an der Westseite kann über 235 Stufen bestiegen werden. Von seiner Plattform hat man einen grandiosen Blick über die Stadt. Sie ist auch der Arbeitsplatz eines Turmbläsers, der noch immer mit seiner Trompete täglich einen Choral in alle Himmelsrichtungen erklingen lässt. Angeboten werden auch Führungen und zahlreiche Musikveranstaltungen.

Unter dem Chor befindet sich die Fürstengruft der Welfen.

Stadtkirche St. Marien Celle

An der Stadtkirche 8
29221 Celle
Tel.: 05141 7735
www.stadtkirche-celle.de

180 Stufen kosten viel Schweiß, aber die Aussicht ist grandios

Weitblicke auf das Suderburger Land

87

Der am Wanderweg von Räber nach Hösseringen auf dem Lerchenberg gelegene Aussichtsturm bietet eine fantastische Rundsicht über das Suderburger Land. Er wurde zwischen August 2002 und Mai 2003 erbaut. Der Turm steht im Eigentum der Gemeinde Suderburg und ist mit öffentlichen Mitteln gefördert worden. Von vornherein plante man einen Turm, der einerseits als Träger für Mobilfunksendeanlagen dient, andererseits auch als Aussichtsturm. Nur durch diese Doppelnutzung war ein so aufwändiger Bau möglich. Der aus 55.000 Klinkern erbaute Turm hat ein Gesamtgewicht von rund 450 Tonnen. Die heidetypischen roten Klinker wurden extra für dieses Bauvorhaben gebrannt. Sein Durchmesser beträgt 3,30 m. Die Gesamthöhe des Turms liegt bei 41,57 m. Die Aussichtsplattform ist über 180 Stufen zu erreichen und befindet sich in einer Höhe von 31,67 m. Ein Aufstieg, der sich lohnt, denn von oben hat man einen schönen Rundblick – bei gutem Wetter bis nach Uelzen. Am Fuß des Turms gibt es Parkplätze und auch eine Schutzhütte mit einer Bank davor. Außerdem ist der Turm Ausgangspunkt von vier ausgeschilderten Rundwanderwegen, die eine Länge zwischen 3,1 und 8,4 km haben. Die rote Route führt lediglich nach Hösseringen und zurück, die grüne zusätzlich zum Museumsdorf. Zum Hardausee gelangt man auf der gelben Route und auf der blauen zusätzlich nach Räber mit seinen malerischen Teichen an der Spring. Man kann die Wanderwege auch miteinander kombinieren.

Die heidetypischen roten Klinker wurden extra für dieses Bauvorhaben gebrannt.

Aussichtsturm Hösseringen Lerchenberg

29556 Suderburg
Tel.: 05826 1616
(Tourist-Info)
https://suderburgerland.de

Im Anstieg auf den Gipfel

Unterhalb des Gipfels breitet sich eine große Heidefläche aus

Ein Heidegipfel in der Nordheide

Brunsberg

21244 Buchholz in der Nordheide
Parkplatz Bahnhof Sprötze ca. 2,5 km

Der 129 m hohe Brunsberg ist eine der höheren Erhebungen in der Lüneburger Heide. Er liegt südöstlich vom Buchholzer Stadtteil Sprötze im Nordwestzipfel des Naturparks. Sein eigentlicher Gipfelbereich steht seit 1954 unter Naturschutz und umfasst eine Fläche von etwa 60 ha. Der Brunsberg ist geprägt von weiten Besenheideflächen, die mit einzelnen Birken und Kiefern durchsetzt sind. Vereinzelt ist die Krähenbeere zu finden, ebenfalls die Glockenheide. Blaubeeren ergänzen die Artenvielfalt. Das Naturschutzgebiet ist auch Heimat der Kreuzotter, Schlingnatter, Waldeidechse und Zauneidechse, auch wenn man diese seltener sieht. Der Gipfelbereich wird auch heute noch durch Heidschnucken beweidet. Ergänzt durch Plaggen und Mähen, trifft man hier auf einen ganzen Heideteppich, der besonders schön im August und September blüht. Die freistehende Bergkuppe bietet an klaren Tagen einen grandiosen Rundblick, der im Süden bis zum Wilseder Berg und Soltau gehen kann. Nur die Sicht in Richtung Hamburg ist durch die Harburger Berge versperrt. Kinder lassen gern Drachen vom Gipfel aufsteigen, der auch zum Sonnenuntergang oder in der Silvesternacht zur Beobachtung der Feuerwerke bestiegen wird. Über den Gipfel führen der Fernwanderweg E 1 sowie der berühmte Heidschnuckenweg. Auf seiner Ostseite liegt die Höllenschlucht, ein interessantes Trockental, und im Südosten das Büsenbachtal mit einer weiteren Heidefläche, die auch von Wachholderbäumen durchsetzt ist. Ein Event ist der jährliche Brunsberglauf.

Der Brunsberg ist geprägt von weiten Besenheideflächen, die mit einzelnen Birken und Kiefern durchsetzt sind.

Eine noch vollständig erhaltene alte Stellmacherei in Langenrehm

Der Karlstein ist ein imposanter Findling in den Harburger Bergen

Tausend Höhenmeter an einem Tag!

89

Mit den Schwarzen Bergen endet die Lüneburger Heide im Norden am Südrand von Hamburg. Der nördliche Teil dieser Schwarzen Berge ist auch unter dem Namen Harburger Berge bekannt, während im Südwesten von Buchholz die Lohberge noch dazugehören. Das Gebiet, ausgenommen die Lohberge, ist Teil des Regionalparks Rosengarten, der auch noch einen Abschnitt vom Estetal umfasst. Dieser hat die Aufgabe, u. a. die regionale Identität zu fördern, Natur und Landschaft zu erhalten sowie den Regionalpark als innovative und familienfreundliche Premiumregion zu profilieren. Das abwechslungsreiche Naherholungsgebiet bietet überdurchschnittlich gut markierte Wander- und Radwege sowie zahlreiche Sehenswürdigkeiten. Dazu gehören u.a. der Wildpark Schwarze Berge und das Freilichtmuseum am Kiekeberg mit der Stellmacherei in Langenrehm. Typische Gasthöfe laden zur Einkehr ein. Ausgedehnte Wald- und Heidegebiete wechseln sich ab. Die höchste Erhebung der Harburger Berge erreicht mit dem Hülsenberg gerade mal 155 m. Dennoch sorgen die vielen tief eingeschnittenen kleinen Seitentäler für ein ständiges Auf und Ab. Hier trainiert auch der Deutsche Alpenverein und kommt auf bis zu 1.000 Höhenmeter pro Tag! Hamburgs höchster Gipfel, der 116 m hohe Hasselbrack, ist dagegen nur auf verschlungenen Pfaden zu finden, da er in einem Naturschutzgebiet mit einer seltenen Eulenart liegt. Dafür ist der Karlstein, ein großer Findling aus der Eiszeit, ein viel besuchtes Ziel.

Harburger und Schwarze Berge

Teil vom Regionalpark Rosengarten
www.regionalpark-rosengarten.de

Das abwechslungsreiche Naherholungsgebiet bietet überdurchschnittlich gut markierte Wander- und Radwege sowie zahlreiche Sehenswürdigkeiten.

Ein ehemaliger Burgberg in der Stadt

Kalkberg
21339 Lüneburg

Auf dem 56 m hohen Kalkberg stand von 856 bis 1371 die Hliuniburg, die als eine der Keimzellen Lüneburgs gilt. 1663 wurde hier die Garnisonskirche errichtet, die 1783 baufällig abgerissen wurde. **Ein Obelisk erinnert heute daran.** Später wurde der Berg zur Gipsgewinnung teilweise abgetragen. Der Gipsbruch, heute mit Feuchtbiotop, und der ursprünglich etwa 75 m hohe Berg wurden 1932 unter Naturschutz gestellt. Auf seinem Gipfel, der eine fantastische Nahsicht auf die Altstadt bietet, steht noch eine Kanone, die früher abgefeuert wurde, wenn Sträflinge aus dem nahen Gefängnis entflohen waren.

Ein Weg führt durch den früheren Gipsbruch

Weitblick über die Elbe garantiert

91

Kniepenbergturm
unweit der
Elbuferstraße
29490 Drethem

Der stark bewaldete Höhenzug Drawehn hat im Norden seine Begrenzung an der Elbe und liegt im Naturpark Elbhöhen-Wendland. Zwischen Drethem, einem Ort der Gemeinde Neu Darchau, und Tiesmesland, das zu Hitzacker gehört, erhebt sich in diesem Höhenzug der 86 m hohe Kniepenberg. 2010 wurde auf ihm ein 16 m hoher Holzturm errichtet, der einen weiten Blick über die Elbe und das Elbvorland sowie hinein nach Mecklenburg-Vorpommern bietet. Auch wer gern Vögel beobachtet, ist hier richtig. Ob schnatternde Gänse oder der Seeadler, alles kann man von hieraus beobachten.

Gute Aussicht in alle Richtungen

Fontänen im Kurpark von Bad Bevensen

Sich inspirieren lassen von Neptun

92

Kurpark Bad Bevensen

Dahlenburger Straße 1
29549 Bad Bevensen

Der Kurpark, mit einer Größe von 18 ha, ist organisch gewachsen und in weiten Teilen naturnah gestaltet. Ein flussnaher Hauptweg folgt dem Lauf der Ilmenau. Die Grünanlage verbindet die Altstadt im Westen mit dem Kurviertel im Osten und geht im Norden in die Auenlandschaft der Ilmenau über. Bereits in den 1950er Jahren legte man hier einen Stadtgarten an. Teile davon existieren noch heute als Rabattenpark. Zu diesem gehören u. a. die große Holzpergola und die Promenade am Seerosenteich. Wenn man das Stadtzentrum über die Brückenstraße verlässt, gelangt man nach Überquerung der Ilmenau geradeaus zum Neptunbrunnen am Südrand des Kurparks. Die Anlage wurde 1995 vom Bildhauer Bernd Maro aus Hannover gestaltet. Die Bronzefigur zeigt den Meergott mit Dreizack, dem „Tridens". Zu Füßen von Neptun liegt das Tritonshorn, eine gekrümmte Muschel, die der Sage nach von Neptuns Sohn Triton geblasen wurde. An der Dahlenburger Straße liegt in der Südostecke des Kurparks der 1998 eröffnete Sonnenuhrgarten mit einer der größten Sonnenuhranlagen Europas. Der Stab ragt über 14 m in die Höhe und ist ein beliebtes Fotoobjekt. Im Innenkreis wird die Sommerzeit, im Außenkreis die Winterzeit gezeigt. Weitere Höhepunkte im Kurpark sind die Sonnenfalle als Paradies für Sonnenanbeter, der „Garten der Sinne" mit verschiedenen Erlebnispunkten, der Barfußpark und das Wassertretbecken. Auf der Ostseite wird der Kurpark von der Jod-Sole-Therme und vom Kurhaus begrenzt.

Zu Füßen von Neptun liegt das Tritonshorn, eine gekrümmte Muschel, die der Sage nach von Neptuns Sohn Triton geblasen wurde.

Das Heide-Erlebnis-Zentrum in Undeloh ist ein beliebter Anlaufpunkt

Der Heidschnuckenweg im Radenbachtal

Das Herz der Lüneburger Heide

93

Naturpark und Naturschutzgebiet Lüneburger Heide
Heide-Erlebnis-Zentrum
Wilseder Straße 23
21274 Undeloh
Tel.: 04189 818648
www.verein-naturschutzpark.de

Der Naturpark Lüneburger Heide wurde 1956 auf Initiative von Alfred Töpfer gegründet und 2007 nochmals erheblich erweitert, sodass er heute rund 1.078 qkm umfasst. Als Regionalpark steht er für biologische Vielfalt, naturnahen Tourismus und nachhaltige ländliche Entwicklung. Heute reicht er im Nordwesten bis Buchholz in der Nordheide, im Nordosten bis Lüneburg und im Süden bis Soltau. Zu ihm gehören 35 Gemeinden in drei Landkreisen. Im Kern des Naturparks liegt das kleinere Naturschutzgebiet Lüneburger Heide, das lediglich 234 qkm umfasst. Sein Zentrum bildet der 169 m hohe Wilseder Berg. Es geht zurück auf den Heidepastor Bode, der 1910 den Verein Naturschutzpark überzeugte, auch in der Lüneburger Heide aktiv zu werden. Dieser kaufte dann erste Flächen am Wilseder Berg an. Schon zuvor, nämlich 1906, war es ihm gelungen, mit anderen Flächen am Totengrund zu erwerben. Bereits 1921 erfolgte die Anerkennung als Naturschutzpark. Im heutigen Naturschutzgebiet entfallen 60 Prozent der Fläche auf Wald, 26 Prozent auf Heide, elf Prozent auf Acker- oder Grünland, zwei Prozent auf Moore und nur 1,5 Prozent auf Siedlungen. Das Gebiet hat eine herausragende Bedeutung für den Biotop- und Artenschutz. So ist der Bestand an Birkhühnern kontinuierlich gewachsen, auch Wölfe werden wieder gesichtet. Ein beliebter Anlaufpunkt ist das Heide-Informations-Zentrum in Undeloh mit einer Ausstellung über die Geschichte der Heide und einem Café. Von dort starten zahlreiche Wander-, Rad- und Reitwege in die Natur.

Sein Zentrum bildet der 169 m hohe Wilseder Berg.

Ruhe und Abgeschiedenheit im Wald

94

Nördlich von Celle erstreckt sich eines der größten Waldgebiete Deutschlands, das hauptsächlich von Kiefern und Fichten geprägt ist, auch viele Beeren und Pilze gibt es. Große Teile liegen im 1964 gegründeten und 480 qkm großen Naturpark Südheide, dessen Träger der Landkreis Celle ist. Neunzig Prozent seiner eiszeitlich geprägten Fläche sind Landschaftsschutzgebiet und fünf Prozent Naturschutzgebiete. Zu Letzteren gehören insbesondere Moore, Bachläufe und Heideflächen. Besonders im Westteil des Naturparks findet man mehrere größere Heideflächen, die bei voller Blüte viele Besucher anziehen. Noch immer beweiden Heidschnuckenherden als beliebte Landschaftspfleger diese Flächen. Beliebte Ziele sind auch der Wacholderwald bei Schmarbeck oder der Lönsstein auf dem Wietzer Berg bei Müden/Örtze, der an den Lieblingsplatz des Dichters erinnert. Auch die traditionelle Heideimkerei ist in der Naturpark-Region noch anzutreffen. Die geringe Besiedlung des Gebiets führt auch zu einem großen Bestand an Rot-, Reh- und Schwarzwild. Natürlich sind auch teils seltene Vogelarten und etliche geschützte Pflanzen anzutreffen. Auch der Wolf ist hier wieder heimisch. Zahlreiche ausgeschilderte Wege für Wanderer, Radfahrer und Reiter durchziehen die Region. Dazu gehört auch der bekannte Heidschnuckenweg, der Hamburg mit Celle verbindet. 1972 traf ein Orkan und 1975 ein Großbrand das Gebiet. In Eschede, einem der Einfallstore zum Naturpark, hat man im Bahnhof 2012 ein Informationszentrum in drei Räumen eröffnet.

Besonders im Westteil des Naturparks findet man mehrere größere Heideflächen, die bei voller Blüte viele Besucher anziehen.

Naturpark Südheide

Naturpark-infozentrum
An der Bahn 9
29348 Eschede
Tel.: 05142 4110
www.naturpark-suedheide.de

Ein Geheimtipp bei Dorfmark

Park Allerhop
Mengebostel 12
29683 Bad
Fallingbostel

Zwischen Soltau und Dorfmark am Freudenthal-Weg liegt unweit von Mengebostel der Park Allerhop. 1919 kaufte Carl Busch, Mitinhaber der Waggonfabriken in Bautzen und Breslau, den nördlich angrenzenden Hof Allerhop und kam so in den Besitz dieses Areals. In den 1930er Jahren wurde auf dem rund 4 ha großen Gelände ein großzügiger Park angelegt. Nach Carl Buschs Tod 1942 geriet der Park lange Zeit in Vergessenheit. 2013 übernahm der Dorfverein Mengebostel Erhalt und Pflege des Parks. Heute findet man hier Kunstwerke regionaler Künstler, das Grabmal Buschs, Grotten, einen Turm und eine Hütte mit Grillplatz.

Der Grillplatz im Park Allerhop

Was Wiesen alles erzählen können

96

Seewiesen
29389 Bad Bodenteich

Östlich von Bad Bodenteich liegen die Seewiesen. Sie gehen auf einen See zurück, der die Burg Bad Bodenteich auf ihrer Ostseite umgab. Anfang des 19. Jahrhunderts plante man, ihn zu entwässern, um Wiesenland zu gewinnen. Lange Zeit blieb das Zentrum des einstigen Sees jedoch ein gefährliches, unzugängliches Sumpfgelände, da die Trockenlegung nur ungenügend durchgeführt wurde. Erst 1959 erreichte man den heutigen Zustand: eine 4,5 qkm große Grünlandfläche mit seltenen Pflanzen und Tieren. Erschlossen ist es durch einen Naturerlebnispfad, 3,5 bzw. 8 km lang, mit sieben Stationen und einem Beobachtungsturm.

Entwässerungskanal in den Seewiesen

Aussichtspunkt im Totengrund

Blick über den Totengrund mit Heideflächen

1906 plante man hier Ferienhäuser

97

Totengrund
bei 29646 Wilsede

Der Totengrund, eines der schönsten Heidetäler, liegt rund 1 km südöstlich von Wilsede im Herzen des Naturschutzgebietes Lüneburger Heide. 1906 planten Hamburger Investoren hier den Bau von Ferienhäusern. Dem berühmten Egestorfer Heidepastor Wilhelm Bode gelang es jedoch, mit dem Münsteraner Professor Andreas Thomsen einen Geldgeber zu finden, der die für die Bebauung geplanten Flächen aufkaufte. Wenige Jahre danach überzeugte Bode den Verein Naturschutzpark, am Wilseder Berg diese und weitere Flächen zu kaufen. Damit war der Grundstein für das heutige, 1921 offiziell anerkannte, Naturschutzgebiet gelegt. Anfangs kam es mehrfach zu Auseinandersetzungen zwischen Vereinsmitgliedern und Heidebauern u.a. wegen der Durchsetzung des Kraftfahrzeugverbots. Letztendlich setzte sich der Naturschutz durch. Der Weitsicht des Heidepastors Bode ist es also zu verdanken, dass man hier noch heute eine sehr ursprüngliche Heidelandschaft mit Wacholder und weiteren Nadelbäumen vorfindet. Der Talkessel umfasst ein Gebiet von rund 30 ha und seine Abhänge sind bis zu 40 m tief. Der Rundblick vom Aussichtspunkt ist besonders eindrucksvoll.

Der Talkessel umfasst ein Gebiet von rund 30 ha und seine Abhänge sind bis zu 40 m tief.

Der Ursprung des Namens ist umstritten. Einige meinen, dass Verstorbene aus Wilsede seinerzeit auf dem Weg zur Beerdigung in Bispingen durch das Tal gefahren wurden. Wiederum andere sind der Ansicht, dass das wasserarme Trockental für die Heidebauern bedeutete, dass man hier wenig fruchtbaren, also trockenen Boden vorfand, es also ein toter Grund war.

So kann man den Eingang nicht verfehlen

Einst der nördlichste Weinberg im Land

Weinberg Hitzacker
Weinbergsweg
29456 Hitzacker

Der 53 m hohe Weinberg bietet einen fantastischen Blick auf die Altstadt von Hitzacker sowie die Elbe. Sein Plateau, über 164 Stufen vom Weinbergsweg aus erreichbar, war ursprünglich Sitz einer Burg. Schon in historischer Zeit wurde auf dem Berg Wein angebaut. Ein Hagelsturm vernichtete aber 1713 die Rebstöcke. 1980 pflanzte man zunächst zehn neue Rebstöcke an, ein Jahr später nochmals 89. Die erste Ernte gab es 1983. Durch die neuen Weinstöcke bekam Hitzacker den nördlichsten Weinberg Deutschlands. Die klimatischen Veränderungen haben aber inzwischen dazu geführt, dass Wein heute auch viel nördlicher in Schleswig-Holstein angebaut wird. Trotzdem wird hier noch immer ein ganz besonderes Tröpfchen geerntet. Und zwar durch rotbemützte Weinbergzwerge, die vom Rat unterstützt werden. Pro Jahrgang können gerade einmal etwa 50 Flaschen vom „Hidesaker Weinbergströpfchen" abgefüllt werden. Die gekelterten Trauben werden zu besonderen Anlässen, als Geschenk des Bürgermeisters, aber auch in geringem Umfang beim Weinlesefest ausgeschenkt. In einigen Restaurants und Geschäften bietet man zudem den „Zwergencuvée" an, der dem Bukett des „Hidesaker Weinbergströpfchen" sehr ähnlich ist. Eine auf dem Weinlesefest alljährlich neu gekrönte Weinkönigin ist als Botschafterin der Elbestadt auf Veranstaltungen und Tourismusmessen unterwegs. Das Plateau des Weinbergs wird während der „Sommerlichen Musiktage" auch für Veranstaltungen genutzt. Brautpaare können sich hier das Ja-Wort geben.

Durch die neuen Weinstöcke bekam Hitzacker den nördlichsten Weinberg Deutschlands.

Auf dem höchsten Heide-Gipfel, nicht immer so menschenleer

Höher geht es in der Heide nicht!

99

Wilseder Berg
29646 Wilsede

Der 169 m hohe Wilseder Berg liegt inmitten des Naturschutzgebietes Lüneburger Heide, ist der höchste Punkt einer eiszeitlichen Endmoräne und gleichzeitig die höchste Erhebung im nordwestdeutschen Tiefland. Auf dem Gipfelstein befindet sich ein Metallkegel mit Richtungs- und Entfernungsangaben zu benachbarten Erhebungen und Ortschaften. Der flache Gipfel ist gleichzeitig eine Wasserscheide. Unterhalb des Berges liegen die Quellen von Böhme, Este, Luhe und Wümme. Unterhalb des Gipfels liegen ausgedehnte Heideflächen, teilweise durchsetzt mit Wacholder. An klaren Tagen reicht die Fernsicht bis zum rund 40 km entfernten Fernsehturm in Hamburg. Auch einen Sonnenuntergang am Gipfel zu erleben, ist etwas Besonderes. In der Silvesternacht wird von hier gern das Feuerwerk über Hamburg und Bremen beobachtet, was jedoch eine klare Nacht voraussetzt. Da der Wilseder Berg in einer autofreien Zone liegt, kann man ihn nur erwandern oder mit dem Fahrrad erreichen. Ein kurzer Weg führt beispielsweise vom Parkplatz in Niederhaverbeck über Wilsede zum Gipfel (4,5 km, etwas über eine Stunde). Auch vom Naturpark-Haus in Undeloh ist der Wilseder Berg auf verschiedenen gut markierten Wegen erreichbar. Wer es noch gemütlicher haben möchte, nimmt die Pferdekutsche. Von den meisten Parkplätzen um den Wilseder Berg herum werden Kutschenfahrten angeboten. Sie dauern eine bis eineinhalb Stunden und führen nach Wilsede, wo man auch einkehren kann. Von dort sind es etwa zwanzig Minuten bis zum Gipfel.

Unterhalb des Berges liegen die Quellen von Böhme, Este, Luhe und Wümme.

Michael Schnelle, geboren in Hannover und heute bei Hamburg wohnend, ist gelernter Reiseverkehrskaufmann und hat auch viele Jahre als Touristik-Redakteur gearbeitet. Er hat für Zeitungen, Zeitschriften und Internetseiten geschrieben und in verschiedenen Verlagen mehr als 30 Bücher veröffentlicht. Die Lüneburger Heide kennt er seit seiner Kindheit und ist heute dort privat wie auch als Gästeführer unterwegs.
www.touristik-und-medien.de.

Der Verlag und der Autor freuen sich über Ihre Hinweise:
info@mitteldeutscherverlag.de

Fotografien: Michael Schnelle außer www.wikipedia.org: S. 6, 4. Reihe links, Joachim Kohler, CC BY - SA 4.0, S. 36, 56, Frank Vincentz, CC BY - SA 3.0, S. 6, 3. Reihe rechts und S. 58, Olaf Oliviero Riemer, CC BY - SA 3.0, S. 59, Joachim Kohler, CC BY - SA 4.0, S. 63, S. 72 oben und unten, S. 96, Hajotthu, CC BY - SA 3.0, S. 6, 5. Reihe Mitte und S. 98, Andreas Praefcke, CC BY - SA 4.0, S. 129, Brow69, CC BY - SA 4.0, Bad Bevensen Marketing: S. 6, 5. Reihe links und S. 51, Markus Tiemann, www.wikivoyage.org: S. 6, 4. Reihe rechts und S. 80, Benreis, CC BY - SA 4.0, www.fotocommunity.de: S. 6, 6. Reihe Mitte, Wolf Rabe, CC BY - SA 2.0, Heide Park Resort: S. 50 (2023), Südheide Touristik: S. 53, SaLü Lüneburg: S. 54, www.commons.wikimedia.org: S. 94, Urban Explorer, CC BY - SA 2.0.

1. Auflage

www.mitteldeutscherverlag.de

Gesamtherstellung: Mitteldeutscher Verlag, Halle (Saale)

ISBN 978-3-96311-829-6

Printed in the EU